Ralf Richard Wagner · Wolfgang Schröck-Schmidt
Wolfgang Wiese

SCHLOSS SCHWETZINGEN

MICHAEL IMHOF VERLAG

Herausgeber
Staatliche Schlösser und Gärten Baden-Württemberg
www.schloesser-und-gaerten.de
www.schloss-schwetzingen.de

Bildnachweis
Staatliche Schlösser und Gärten Baden-Württemberg: Günther Bayerl: Titel, 5, 9, 10 unten, 23, 26, 28, 33, 35, 37, 42 oben, 43–45, 48, 49, 52, 55 unten, 59, 62, 76–78, 88, 89, 92/93 / Michael Fuchs: 2/3 / Achim Mende: 7 / Ursula Wetzel: 29, 30/31, 54, 75 unten / Tobias Schwerdt: 6, 32, 38, 51, 53, 57, 58, 63, 65–68, 94 / Steffen Hauswirth: 55 oben / unbekannt: 24 unten, 69, 85, 87
Landesmedienzentrum Baden-Württemberg / Staatliche Schlösser und Gärten Baden-Württemberg: Arnim Weischer: 11, 18/19, 20 unten, 22 oben, 24 oben (rechts), 50 oben, 70, 72, 76 oben, 79, 80 unten, 81, 83, hinterer Umschlag außen (U4) / Andrea Rachele: 13 beide, 14, 15 unten, 46/47
Landesmedienzentrum Baden-Württemberg: Arnim Weischer: 8, 12, 24 oben (links), 73, 82 / Lutz Hecker: 10 oben / Andrea Rachele: 17, 39, 42 unten / Joachim Blauel: 20 oben / unbekannt: 15 oben
Wikimedia commons, gemeinfrei: 21
Universitätsbibliothek Heidelberg: 22 unten (Graph. Slg. A_0572)
Staatsanzeiger für Baden-Württemberg GmbH & Co. KG: Petra Schaffrodt: 27, 60/61
Bayerisches Nationalmuseum, München: 36
Stadtarchiv Schwetzingen: 71 (GS 290)
Badisches Landesmuseum Karlsruhe: 75 oben (Inv.-Nr. C 6190), 80 oben (Foto: Thomas Goldschmidt)
Bürgerliche Möbel aus dem ersten Drittel des Neunzehnten Jahrhunderts. Ausgewählt von Ferdinand Luthmer. Neue Folge. Frankfurt am Main 1908: 84

Pläne: JUNG:Kommunikation GmbH, Stuttgart

Abbildung hinterer Umschlag außen: Detail der Panoramatapete im Hochberg'schen Appartement, 1804

Bibliografische Information der Deutschen Nationalbibliothek
Die Deutsche Nationalbibliothek verzeichnet diese Publikation in der Deutschen Nationalbibliografie; detaillierte bibliografische Daten sind im Internet über http://dnb.d-nb.de abrufbar.

Kapitel „Die Zirkelhäuser": Marie-Christin Oswald-Schmitt
Redaktion: Frank Krawczyk, Caroline Irtenkauf, Staatliche Schlösser und Gärten Baden-Württemberg
Lektorat: Petra Schaffrodt, Staatsanzeiger für Baden-Württemberg GmbH & Co. KG, Stuttgart; Dorothée Baganz, Michael Imhof Verlag
Gestaltung Umschlag: © JUNG:Kommunikation GmbH, Stuttgart
Illustrationen: Volker Römer, Hamburg
Layout & Reproduktion: Patricia Koch, Michael Imhof Verlag, Petersberg

ISBN 978-3-7319-0838-8

Michael Imhof Verlag GmbH & Co. KG
Stettiner Straße 25 | D-36100 Petersberg
Tel. 0661/2919166-0 | Fax 0661/2919166-9
info@imhof-verlag.de | www.imhof-verlag.com

VON DER WASSERBURG ZUM BAROCKSCHLOSS

Wolfgang Schröck-Schmidt

„Der Churfürst von der Pfalz lebt in seinem Paradiese Schwetzingen, im Schooße seiner getreuen Unterthanen, so vergnügt, als es Fürsten seyn können, denen ihr Gewissen sagt, daß sie ihrer erhabenen Bestimmung gemäß leben.“

Die paradiesische Atmosphäre des kurfürstlichen Alltags auf dem Lande, die der schwäbische Dichter Christian Friedrich Daniel Schubart im Jahr 1774 beschreibt, hatte sich in vier Jahrhunderten entwickelt. Das Schwetzinger Schloss war im Mittelalter und in der Frühen Neuzeit beliebtes Ausflugsziel der Kurfürsten von der Pfalz, deren Residenz sich im naheliegenden Schloss Heidelberg befand. Seit Mitte des 14. Jahrhunderts weiß man von einer „Veste“ in Schwetzingen, die 1427 in den Besitz der Kurfürsten kam.

Die heute im barocken Stil in Erscheinung tretende Dreiflügelanlage umspannt einen Ehrenhof, der im Süden und im Norden durch Seitentrakte abgegrenzt wird. Der viergeschossige Schlossmittelbau verfügt über zwei Türme nach Osten, einen kleinen Ehrenhof mit Nord- und Südflügel sowie einen zur Gartenseite hin gelegenen Erweiterungsbau mit zwei Eckrisaliten aus dem frühen 18. Jahrhundert.

Schloss und Schlossgarten Schwetzingen, Parterre mit Arionbrunnen

Das Schloss trennt den bedeutenden Garten von der städtischen Bebauung mit dem Schlossplatz und dessen repräsentativen Häusern. Stadt und Schloss bilden dennoch eine eindrucksvolle Einheit, die an der geografischen Achse zwischen dem Königstuhl, dem Heidelberger Hausberg, und der Kalmit, dem höchsten Berg im Pfälzer Wald, ausgerichtet ist.

SPÄTMITTELALTERLICHE WEHRANLAGE

„Suezzingen" wird, wie viele andere Städte der Region, erstmals 766 im Lorscher Codex erwähnt; seit 1288 ist Landbesitz der Heidelberger Pfalzgrafen am Ort bekannt. Von dem Vorgängerbau der „Veste" des 14. Jahrhunderts konnten lediglich Ziegel und wenige Steinreste unter den heutigen Fundamenten bei einer Grabung im Frühjahr 2006 nachgewiesen werden.

Um den Baugrund für die Burg vorzubereiten, waren wegen des sedimentreichen Untergrunds hölzerne Pfahlgründungen nötig. Die dendrochronologischen Untersuchungen der Hölzer weisen mehrfach auf die Zeit nach 1320 hin. Hierzu passt auch die erste urkundliche Erwähnung vom 31. Oktober 1350. Elsbeth von Schonen-

Barocke Achse: Blick vom Schloss Richtung Heidelberg und Königstuhl

Schloss und Schlossgarten

berg (oder Schomberg), Witwe des Hans von Erligheim, dem Besitzer der „Veste“, verzichtet darin auf eine Ehe mit Pfalzgraf Ruprecht I. (reg. 1329–1390) und verspricht, dessen Land und die Orte, an denen er sich aufhält, zu meiden. Sie erklärt, dass die Burg Schwetzingen dem Pfalzgrafen und dessen Nachkommen ein offenes Haus sein solle. Vermutlich ist mit der „Veste“ der Südturm und ein nach Westen angrenzendes Gebäude als Palas gemeint.

Die ehemalige Umfassungsmauer der Anlage hat sich in großen Teilen erhalten und ist heute in den bestehenden Schlossbau integriert. Die Wehranlage bildete ein unregelmäßiges Viereck, das von einem Wassergraben begrenzt wurde. Der kleine Ehrenhof war zur Stadt hin durch eine Mauer mit einem Torbogen und einer davorliegenden Brücke abgeschlossen.

Über die Ausstattung der spätmittelalterlichen Wehranlage ist nichts bekannt, sicherlich darf man sich neben einem gemauerten Palast für die fürstlichen Bewohner auch Wirtschaftsgebäude wie einen Marstall vorstellen. Bei den bereits erwähnten Ausgrabungen fand man auf der nördlichen Seite des kleinen Ehrenhofs ein etwa vier Meter langes Mauerfundament eines Hauses, das in die frühe Zeit der Anlage gehört.

PFALZGRÄFLICHES JAGDSCHLOSS

Während die Pfalzgrafen bisher lediglich die Nutzungsrechte innehatten, erwarb Kurfürst Ludwig III. (reg. 1410–1436) 1427 die Burganlage als Eigentum. Im weiteren Verlauf des 15. Jahrhunderts blieb die Bausubstanz weitgehend unangetastet. In der Nordwestecke entstand im ausgehenden 15. Jahrhundert ein quadratischer Turm, dessen spätgotische Tür sowie ein Fenster in den Innenhof weisen. Hier befindet sich auch die sogenannte Spottfigur, die aus der Zeit um 1470/80 stammt. Ein unter einer dicken Platte sich bückender Mann schaut den Betrachter mit gedrehtem Kopf an, mit seiner Rechten stützt er sich nach unten ab. Hände und Gesicht sind einfach gearbeitet, die ganze Figur wirkt unproportional. Als Groteske streckt er dem Betrachter sein Gesäß zum Spott entgegen. Wahrscheinlich war die Figur ein Säulenfuß und ist hierher in späterer Zeit als Spolie versetzt worden.

Unter dem Kurfürsten Ludwig V. (reg. 1508–1544) entfaltete sich eine rege Bautätigkeit. Wie die kurfürstliche Residenz in Heidelberg, die in dieser Zeit durch zahlreiche neue Bauten und Befestigungen stark vergrößert wurde, erhielt auch Schwetzingen ein neues Aussehen. Die mittelalterliche Burg gestaltete man zu einem Jagdschloss mit spätgotischen Architekturelementen um.

Spottfigur, um 1470/80

Ehrenhof

Mit einem großen, rechteckigen Bau erweiterte Ludwig die Wehranlage nach Norden und überbaute damit die alte Ringmauer des 14. Jahrhunderts. Der langgezogene, viergeschossige Bau erstreckt sich im Erdgeschoss über vier Kreuzrippengewölbe und kann durch einen Schlussstein auf 1521 datiert werden. Der Saal diente im 16. Jahrhundert als Hofstube, wo die Herrschaft sich mit dem Gesinde zum gemeinsamen Essen traf. Heute befindet sich hier das Besucherzentrum mit dem Aufgang zu den Schlossführungen.

Nach Osten schließt das Gebäude mit einem quadratischen Turm ab. In den beiden oberen Etagen haben sich im Turmzimmer Kreuzrippengewölbe erhalten. Die Schlusssteine zeigen jeweils unter einer Helmzier die Pfälzer Wappen mit den Wittelsbacher Wecken und dem Pfälzer Löwen. Von außen ist die Ostwand mit kissenförmigen Bossenquadern und breit scharriertem Randschlag versehen. Die Steinmetzzeichen zum Abrechnen der geleisteten Arbeit finden sich sowohl am Heidelberger als auch im Schwetzinger Schloss verwendet.

Eine kleine Sensation brachte die Grabung aus dem Jahr 2006 zum Vorschein. Im ehemaligen Burggraben fand sich das Fundament eines Treppenturms des 16. Jahrhunderts, der auf einem gitterförmigen Balkenrost aus

Bauinschrift von 1541 zur Vollendung der Erweiterungsarbeiten unter Ludwig V.

Holz gegründet war. Dieser Turm war nach Abtragung der alten Umfassungsmauer als Treppenhaus über einem regelmäßigen achteckigen Grundriss errichtet worden. Im heutigen Treppenhaus haben sich noch Teile dieses Turmes erhalten. Liselotte von der Pfalz (1652–1722), die berühmte Tochter des Kurfürsten Karl Ludwig, die in Schwetzingen ihre Kindheit verbrachte, beschrieb aus der Erinnerung noch „zwei steinerne Stiegen".

Das Schloss bot hinter einem mit Wasser gefüllten Graben mit den drei Türmen, dem Torbogen und einer Brücke in der ersten Hälfte des 16. Jahrhunderts ein geschlossenes Bild. Im Vorhof (heute großer Ehrenhof) befanden sich die Wirtschaftsgebäude, unter anderem auch eine Mühle. In der Südwestecke des Hofes haben sich vier unterirdische begehbare Gänge erhalten, die keinen Anschluss zum Schloss haben. Wahrscheinlich handelt es sich hierbei um Abwassergänge.

Turmzimmer im ersten Obergeschoss, späteres Lakaienschlafzimmer, datiert 1521

Kurfürst Ludwig V., Sandsteinskulptur von Sebastian Götz, um 1604

Nach einer Baupause von 20 Jahren entstand durch direkten Anbau an die Südseite der alten Burg ein zweigeschossiges Haus – die Bauinschrift nennt Ludwig V. und die Jahreszahl 1541. In dieser Zeit ließ der Kurfürst im Innenhof zwischen dem alten Bergfried, der um zwei Geschosse erhöht wurde, und der Westmauer weitere Gebäude errichten. Es entstand eine kleine Kemenate mit gotischer Tür, deren Erdgeschossraum im 18. Jahrhundert die Bezeichnung „Silberkammer" trug. Der nach Westen angrenzende Raum war möglicherweise zum Hof hin offen und diente als Halle. Die Obergeschosse waren über die erhaltene Wendeltreppe bis in die vierte Etage zu erreichen; der Innenhof war mit mehreren Balkonen im Obergeschoss versehen. Als Architekt kommt der 1504 als „Büchßenmeister und Bauwmeister" genannte Lorenz Lechler in Frage. Seine Söhne Moritz und Lorenz II. waren bis 1538 in Heidelberg tätig.

In der von Ludwig V. umgebauten Anlage fanden von nun an regelmäßig prächtige Jagdgesellschaften statt. Auch ein gesteigertes Repräsentationsbedürfnis bewog den Kurfürsten zur Umgestaltung seiner „Veste" in ein Schloss – die einstige Burg hatte ein Renaissancegewand erhalten. Für die stadtzugewandte Ostseite mit den drei Türmen und den Anbau auf der Westseite der alten Wasserburg gelten der Frauenzimmerbau mit seinen Standerkern sowie die Herrentafelstube im Bibliotheksbau von Schloss Heidelberg als architektonische Vorbilder.

DAS SCHLOSS IN DEN KRIEGEN DES 17. JAHRHUNDERTS

Nach Ludwig V. blieb das Schloss zunächst baulich unverändert und unbeschädigt. In der Zeit der bedeutenden Renaissancekurfürsten Friedrich IV. (reg. 1583–1610) und Friedrich V. (reg. 1610–1623), dem sogenannten Winterkönig, gibt es kaum Quellen zum Schloss. Es diente lediglich als Ort für die beliebten Jagdausflüge. Auch genügte die Anlage wahrscheinlich den neuesten repräsentativen Ansprüchen nicht mehr. Selbst der berühmte Kupferstecher Matthäus Merian, der viele Städte und Burgen der Pfalz abbildete, ignorierte Schwetzingen.

Kurfürst Friedrich IV., Detail der Sandsteinskulptur von Sebastian Götz, um 1604

Im Dreißigjährigen Krieg wurden Stadt und Schloss 1621 geplündert und 1635 unter dem kaiserlichen Generalleutnant Matthias Gallas niedergebrannt. Nach dem Westfälischen Frieden 1648 schrieb der für die kurfürstlichen Pferde zuständige Hofbereiter Hans Karg in einer detaillierten Zustandsbeschreibung, dass die Mauern und

Gewölbe noch in gutem Zustand seien. Weiter erwähnte er im Vorhof eine nicht mehr erhaltene Mühle, Vieh- und Schafställe sowie einen kleinen Garten auf der Westseite. Die Anlage scheint in dieser Zeit durchweg landwirtschaftlich genutzt worden zu sein.

Medaille mit Bildnis von Kurfürst Karl Ludwig von der Pfalz, 1661

Die Wiederherstellungsarbeiten begannen nach dem Regierungsantritt Kurfürst Karl Ludwigs (reg. 1649–1680). Er ließ das Schloss ab 1655 für seine Geliebte und spätere zweite Gemahlin Luise von Degenfeld (1636–1677) wieder herrichten, sodass sie mit einem eigenen Hofstaat in Schwetzingen residieren konnte. Seine Tochter Elisabeth Charlotte, die Schwägerin des Sonnenkönigs Ludwig XIV. von Frankreich, als Liselotte von der Pfalz bekannt, erinnert sich in zahlreichen Briefen an ihren Aufenthalt als Kind in Schwetzingen. Von ihr wissen wir auch, dass das Schloss vor seiner Zerstörung im Pfälzischen Erbfolgekrieg (1688–1697) über drei Balkone als offene Galerien vor den Gemächern, eine Brücke, zwei Wendeltreppen sowie im Hochkeller des Nordbaus über eine Küche verfügte.

Hyacinthe Rigaud: Liselotte von der Pfalz, um 1713

Mit dem Wiederaufbau schloss man die Lücke an der Westseite durch Überbauung und schuf die noch heute bestehende Durchfahrt mit einer Brücke zum Garten. Der teilweise zerstörte Treppenturm an der Ostfassade wurde abgerissen, die aufwendig gestalteten Bossen aus der Zeit der Renaissance verwendete man in der Ostwand wieder. Das noch heute bestehende zweiläufige Treppenhaus am Nordbau des Hofes entstand. In den Seitenflügeln des Hofes wurden jeweils zwei offene Arkaden für die Schlosswache errichtet. Der Baumeister war vermutlich Georg Andreas Böckler (1644–1698), der als Architekt am kurpfälzischen Hof tätig war.

Der Schlosshof selbst wurde von „Kummer [Schutt] und Unrath" befreit. Mobiliar wird 1658 aus Heidelberg und Frankenthal für Luise von Degenfeld herbeigeschafft und eine Anzahl von Bediensteten bereitgestellt. Sie schreibt an ihren Gatten Karl Ludwig: „Schwetzingen wird ein artig corps des logis sein, […] Es sind ohne den Keller und Soller [Dachboden] drei Stockwerk, unten ein Saal und ein Kabinett, oben vier lustige Gemächer."
Der große Raum im ersten Obergeschoss wurde mit einer vergoldeten Ledertapete aufwendig ausgeschlagen und als Speisesaal genutzt. Die Zimmer im zweiten Obergeschoss

Schlossmittelbau, Ostfassade mit Uhrturm

dienten dem kurfürstlichen Paar als Privaträume. Seit 1663 ist am Schloss auch eine Uhr nachzuweisen und 1668 wird der Schlossgärtner Betting den ersten Schwetzinger Spargel nebst Melonen und Artischocken anbauen. Luise von Degenfeld bewohnte das Schloss bis zu ihrem Tod im Jahr 1677.

Ezéchiel de Mélac, französischer Feldherr, 1698

Karl Ludwigs Sohn, Kurfürst Karl II. (reg. 1680–1685), starb kinderlos bereits im Alter von 29 Jahren. Somit erlosch die calvinistische Linie Pfalz-Simmern. Karl II. vererbte das Schloss seiner Gemahlin Ernestine von Dänemark (1650–1706). Im Erbvertrag wird bereits ausdrücklich eine Gartenanlage erwähnt.

Nach dem frühen Tod des Kurfürsten entbrannte ein Erbfolgekrieg um die Pfalz. König Ludwig XIV. von Frankreich forderte große Teile aus dem Erbgut seiner Schwägerin Liselotte von der Pfalz. Unter General Ezéchiel de Mélac wurde das Land am Oberrhein in den Jahren von 1688 bis 1693 systematisch niedergebrannt und zerstört. Das Schwetzinger Schloss war eine der ersten Anlagen, die gebrandschatzt wurden. Der Weinheimer Johann Thomas Urspringer schrieb: „Das Schloß zu Schwetzingen ist mit der Eyßerlichen Haubt Mauren noch in guttem Standt, die Mittlere Stockwerkh aber ein biß uf die understen gewölber eingefallen [...].“ Auch die Ställe im Vorhof fielen den Bränden zum Opfer.

BAROCKE NEUGESTALTUNG

Seit 1685 regierte die katholische Linie Pfalz-Neuburg des Hauses Wittelsbach die Kurpfalz und zugleich in Personalunion die Herzogtümer Pfalz-Neuburg sowie Jülich und Berg am Niederrhein mit der Hauptstadt Düsseldorf. Nach den Zerstörungen im Pfälzischen Erbfolgekrieg hatte der neue Kurfürst Johann Wilhelm (geb. 1658, reg. 1690–1716 in Düsseldorf) bereits 1697 die Absicht, Schwetzingen als Jagdschloss wiederaufbauen zu lassen. Seine erhaltene Korrespondenz lässt sogar den Schluss zu, dass er daran dachte, Schwetzingen zur beständigen Residenz auszubauen. Dieses Projekt verwundert, denn zu diesem Zeit-

Gedenkmedaille zur Zerstörung der Pfalz 1688

punkt gehörte das Schloss noch der Kurfürstwitwe Wilhelmine Ernestine. Am 9. Oktober 1698 hielt sich Johann Wilhelm selbst in Schwetzingen auf und erteilte den Befehl, „das Schloß Schwezingen wieder auf zu Bawen zu lassen, also hat Churpfälzische Hofcammer daran zu sein, damit das hier zue nöthige Holz und alles andere Baw materialia nicht ausgenommen annoch diesen Herbst beygebracht werden und ahn dessen fortsetzung kein mangel erscheine".

1699 wurde unter der Leitung des Oberbaudirektors Matteo Alberti (1647–1735) in Düsseldorf ein kurpfälzisches Bauamt geschaffen. Die Arbeit als Werkmeister in Schwetzingen übernahm am 11. März 1699 der wenig bekannte Baumeister Adam Breunig (geb. um 1660 in Mainz, gest. 1727). Aus Kostengründen beschloss man, das Schloss wieder aufzubauen, wie es vordem gewesen war. Dies erklärt die bis heute unregelmäßige Anlage des inneren Schlosshofes und die aus der Mitte gerückte Durchfahrt.
Aus Düsseldorf wurde der Ingenieur Flemal in die Kurpfalz entsandt, der sich um die Pläne für das Schwetzinger Schloss kümmern sollte. Diese wurden jedoch laut den Hofkammerprotokollen auch nach mehrmaligem Anmahnen nicht von Flemal geliefert. So haben sich nur mehrere Pläne und Ansichten von Adam Breunig erhalten, der somit nicht nur als ausführender Werkmeister, sondern auch als Architekt festgemacht werden kann. Die Baupläne lassen eine stilistische Weiterentwicklung erkennen. So werden die ursprünglich eckigen Geländer als Abschluss des Ehrenhofs nun in einer geschmeidigen, barocken Umrisslinie aufgeführt, wie sie heute noch vorhanden sind. Auch der innere Schlosshof wurde mit einem Gitter versehen, wovon die beiden Pfeiler mit den bekrönenden Artischocken an den Ecktürmen zeugen.

In der zweiten Hälfte des Jahres 1700 wurde die Instandsetzung des Schlosses in Angriff genommen. Breunig gestaltete den Wiederaufbau mit einem vierten Stockwerk im Mitteltrakt. Die beiden zweistöckigen Flügelbauten, die den äußeren Schlosshof begrenzen, kamen bis 1710 hinzu. Im nördlichen Seitenflügel entstanden Zimmer für

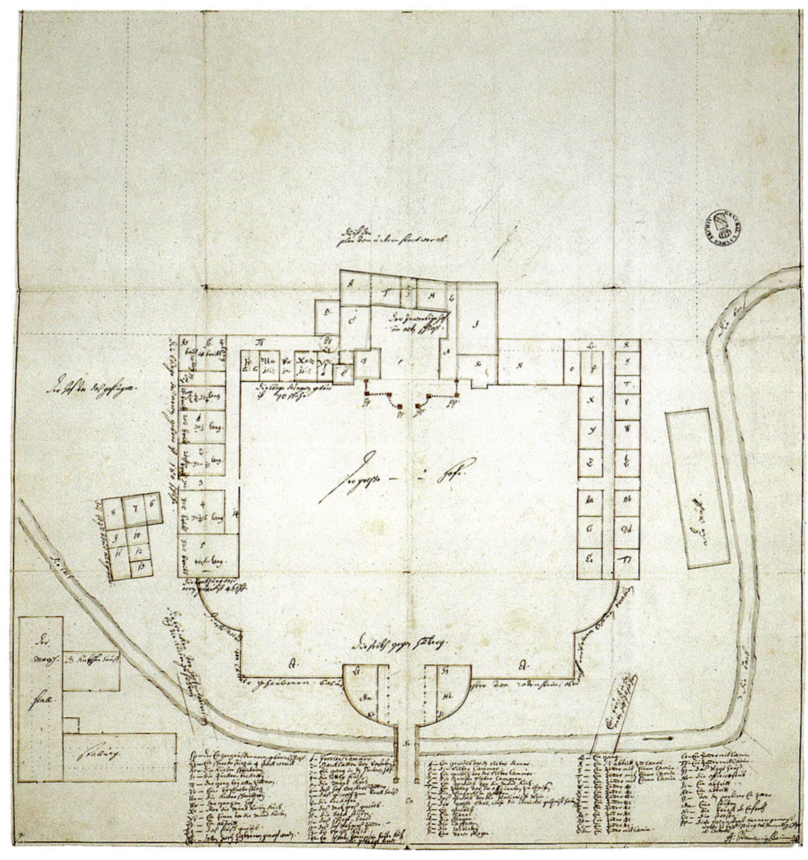

Grundrissplan von Architekt Adam Breunig, 1711

die Kavaliere und Bediensteten, im südlichen die Hofdamenzimmer und die Küche.

Bis 1714 war die großzügige Dreiflügelanlage nach Versailler Vorbild auch in Schwetzingen stilbildend nachvollzogen worden. Um einen rechten Winkel in der nördlichen Hofecke zu erreichen, wurde im Bereich der neuen Schlosskapelle eine zweite, begradigte Wand vor den Altbau gesetzt. Ein Mauerspalt zwischen den beiden Wänden wurde erst kürzlich entdeckt und ist an der Südwand der Kapelle jetzt durch ein Sichtfenster zu sehen. Das Gotteshaus musste „von unten auß biß unter das Tach" reichen, zwei Logen sowie eine Empore für die Kammerfräulein wurden eingebaut. Als Abschluss des neuen Cour d'honneur (Ehrenhof) wurden die beiden halbkreisförmigen Wachhäuser ausgeführt, die erst später ihre seitlichen Anbauten erhielten. Direkt neben diese setzte Breunig zwei bossierte Stelen mit

*Peter Anton von Verschaffelt:
Hirschgruppe im Schlossgarten,
um 1768*

Pierre Louis Goudreaux: Kurfürst Carl Philipp, 1724

den plastisch und farblich gestalteten Wappentafeln von Kurfürst Johann Wilhelm von Pfalz-Neuburg und seiner Frau Anna Maria Louisa de' Medici (1667–1743).

Nachdem Kurfürst Johann Wilhelm am 8. Juni 1716 kinderlos in Düsseldorf verstorben war, trat sein Bruder Carl Philipp (geb. 1661, reg. 1716–1742) die Regierung an und vollendete die bauliche Umgestaltung des Schlosses. Da der Kurfürst aufgrund von Religionsstreitigkeiten mit den Heidelberger Bürgern die Hauptstadt 1720 verlassen hatte und die neue Residenz in Mannheim erst im Aufbau war, hielt sich der Hof länger in Schwetzingen auf. Aus Platzmangel kaufte man deshalb das Haus des verstorbenen kurpfälzischen Leibarztes Jungwirth als Prinzenhaus (heute Amtsgericht). Das größte Bauprojekt Carl Philipps war eine – 1750 wieder abgerissene – Orangerie, die bereits ab 1718 im Bereich des heutigen Arionbrunnens entstand. Mit einem Mittelbau und zwei bogenförmigen Flügeln bot sie ein Gegengewicht zum Schloss im Osten. Die mit

Mauerspalt in der Schlosskapelle

diesem Bau erweiterte Gartenfläche war durch Wege geometrisch gegliedert. In der Mitte befand sich ein Springbrunnen, der mit Wasser aus einem um 1725 erbauten Wasserwerk nordöstlich der Schlossanlage betrieben wurde.

DIE SOMMERRESIDENZ DES KURFÜRSTEN CARL THEODOR

Ralf Richard Wagner

NEUBAUPLANUNGEN

Kurfürst Carl Theodor (reg. 1743–1799) plante schon in seinen ersten Regierungsjahren einen Neubau des Schlosses in Schwetzingen. Auf Höhe der heutigen Arionfontäne sollte ein neues Schloss als „Jagdstern“ verwirklicht werden. In diesem Zusammenhang entstand 1748 das viertelkreisförmige Nördliche Zirkelhaus als Orangeriebau nach Plänen von Alessandro Galli da Bibiena (1686–1748). Nach einem zweiten Entwurf des jungen lothringischen Architekten Nicolas de Pigage (1723–1796) sollte ein weiterer Neubau westlich des Zirkelbaus auf der Achse der Mannheimer Allee errichtet werden. Die Fundamente für dieses zweite Gebäude waren bereits gelegt, als sich Carl Theodor aus politischen Gründen für den Neubau eines Schlosses im Herzogtum Berg entschied. Nach Plänen von Nicolas de Pigage wurde Schloss Benrath bei Düsseldorf realisiert. In Schwetzingen folgte 1752 lediglich der zweite Zirkelbau südöstlich des Kreisparterres durch den Architekten Franz Wilhelm Rabaliatti (1716–1782). Damit blieb für die Ausrichtung eines künftigen Schlossneubaus nur die Ost-West-Achse übrig. Man plante nun die neue Sommerresidenz an der Stelle des alten Schlosses. Insgesamt sechs Pläne entstanden, darunter einer des berühmten Baumeisters Balthasar Neumann (1687–1753). Letztendlich blieb das Schloss aber so erhalten, wie es zu Anfang des 18. Jahrhunderts bestanden hatte.

Anna Dorothea Therbusch: Oberbaudirektor Nicolas de Pigage, 1763

UMZÜGE DES HOFES

Der pfälzische Hof verließ unter der Herrschaft von Kurfürst Carl Theodor in stetiger Regelmäßigkeit im Frühjahr

Johann Georg Ziesenis: Hofdame Marianne Freifrau von Hacke, um 1750

die Residenz Mannheim, um den Sommer in Schwetzingen zu verbringen. Der sächsische Gesandte Graf Andreas von Riaucour (1722–1794) berichtet von der Übersiedlung des Hofes „auf das Land“ mit den Personen, welche die Ehre hatten, den Kurfürsten zu begleiten. Der Umzugstermin war wetterabhängig, kann aber auf Ende April und Ende Oktober datiert werden.

Der logistische Aufwand für die Verlegung der Residenz für sechs Monate auf das Land war enorm. Lebensmittel und Holz wurden in Fronfuhren herangeschafft, denn selbst diese Dinge des täglichen Bedarfs wurden in der Sommerresidenz nicht vorgehalten. Der Tross aus Mannheim transportierte Wäsche, Möbel, Geschirr und Personal in großer Zahl nach Schwetzingen. So berichtet der englische Musikkritiker Charles Burney: „Die Anzahl der Personen, welche des Sommers dem Kurfürsten nach Schwetzingen folgt, steigt an funfzehnhundert, welche alle an diesem kleinen Orte auf kurfürstliche Kosten wohnen.“ Laut Hofkalender von 1776 standen 624 Personen auf der Gehaltsliste des kurpfälzischen Hofes. Die meisten Hofbediensteten waren verheiratet. Ihre Familien hatten aber kein Wohnrecht in den Schlössern, vielmehr mussten sie sich Logis in der Stadt suchen. Die 70 bis 80 Adeligen des Hofstaates hatten wiederum eigenes Personal zu ihrer Versorgung, das ebenfalls in Schwetzingen Logis suchen musste. Das erklärt die hohe Zahl von 1 500 Menschen, die jeden Sommer nach Schwetzingen zogen.

Aufriss des Mittelbaus, Projektentwurf nach Nicolas de Pigage

Herd des 18. Jahrhunderts im Mittelbau, drittes Obergeschoss

Während der Dauer des Aufenthaltes wurde den Hofbediensteten Kostgeld und Logis bezahlt, wenn sie sich eine Wohnung in Bürgerhäusern suchten. Diejenigen, die nur bedingt in der Sommerresidenz gebraucht wurden, bekamen das Fahrgeld ersetzt. So waren nicht alle Mitglieder der Hofkapelle ständig anwesend, sondern wurden nur zu bestimmten Aufführungen nach Schwetzingen befohlen. Auch die Regierungsbehörden behielten ihren Sitz in Mannheim. Da aber dem Kurfürsten als absolutem Herrscher stets alle Dokumente vorgelegt werden mussten, waren die Staatsbeamten ständig gezwungen, nach Schwetzingen zu pendeln.

Die Schwetzinger Bürger profitierten in vielerlei Hinsicht von der Anwesenheit der Hofgesellschaft. Man konnte nicht nur Räume vermieten und Waren verkaufen, sondern auch am Kulturleben teilnehmen, da alle Hoflustbarkeiten öffentlich waren.

DAS APPARTEMENT DES KURFÜRSTEN CARL THEODOR

Unter einem Appartement versteht man eine bestimmte Abfolge von Zimmern auf einer Ebene. Es bestand ab 1600 mindestens aus drei Räumen: Vorzimmer, Schlafzimmer und Kabinett. Das vielgepriesene schöne Leben

Heinrich Carl Brandt: Kurfürst Carl Theodor, um 1767

Heinrich Carl Brandt: Kurfürstin Elisabeth Auguste, um 1767

auf dem Lande übte einen besonderen Reiz auf die Hofgesellschaft des 18. Jahrhunderts aus. So wurde die Schwetzinger Sommerresidenz ganz bewusst schlicht ausgestattet. Es fehlt das in Schlossräumen übliche prunkvolle Mobiliar sowie kostbare und raffinierte Ausstattungen mit üppigen Fresken und Vergoldungen.

Die Zimmer enthalten überwiegend die originalen Weichholzdielen der Erstausstattung um 1700. Bemerkenswert sind die Stuckdecken im Régence-Stil mit Bandelwerkornamentik. Sie wurden um 1770 teilweise durch Stuckrosetten im Stil „Louis-Seize" (Zopfstil) modernisiert. Aufschlussreich sind die allgegenwärtigen Laternen, welche die Einfachheit der ländlich geprägten Sommerresidenz unterstreichen. Die originalen Laternen, um 1760 in Nürnberg gefertigt, sind mit bunt bemalten eisernen Blütenranken verziert. Zwischen 1760 und 1770 wurden unter der Leitung des Oberbaudirektors der Kurpfalz, Nicolas de Pigage, in dieser Etage neue Marmorkamine angebracht. Alle Räume erhielten neue Holzvertäfelungen, wobei sich eine Weiterentwicklung vom schwungvollen und unregelmäßigen Rokoko zum geradlinigen Zopfstil feststellen lässt. Die Stofftapeten und Vorhänge konnten nach erhaltenen Resten bei der Lyoner Seidenmanufaktur von Tassinari et Châtel nachgewebt werden.

Stuckdecke mit Laterne im Südzirkel

Treppenhaus

Das Treppenhaus mit seiner schmalen, zweiläufigen Sandsteintreppe wurde um 1655 unter Kurfürst Karl Ludwig an den Nordostturm angebaut. Um 1770 brachte man die heute noch erhaltene Holzvertäfelung mit dem Handlauf an. Sie überdeckte die auf die Wand ge-

Kurfürst Carl Theodor von der Pfalz

Carl Theodor wurde am 10. Dezember 1724 in Schloss Drogenbusch bei Brüssel als Pfalzgraf von Sulzbach geboren. Nach dem frühen Tod seines Vaters, Herzog Johann Christian von Pfalz-Sulzbach (1700–1733), ließ ihn sein Großonkel, der regierende Kurfürst Carl Philipp, 1734 zur Erziehung nach Mannheim kommen. Am 17. Januar 1742 feierte man die prunkvolle Hochzeit von Carl Theodor und seiner Cousine Elisabeth Auguste (1721–1794) im Mannheimer Schloss. In der Silvesternacht 1742 verstarb Carl Philipp und Carl Theodor trat am 1. Januar 1743 die Regierung an.

Er war ein aufgeklärter Landesherr, bekannt für seine intellektuelle Wissbegierde und Toleranz, seine Bildung und sein Kulturinteresse. Wissenschaft und Kunst förderte er weit über das übliche Maß hinaus. Die von ihm gegründete Mannheimer Akademie der Wissenschaften konnte bedeutende naturwissenschaftliche Erkenntnisse erzielen, wie die Entwicklung von Blitzableitern, das Entdecken neuer Sterne und die Einführung von Wetterbeobachtungen. Als modern galt die Öffnung der kurfürstlichen Sammlungen wie Gemäldegalerie, Kupferstichkabinett, Naturalienkabinett, Münzsammlung, Schatzkammer und Hofbibliothek. Die Hofkapelle mit der berühmten „Mannheimer Schule" hatte europäischen Rang.

Am 30. Dezember 1777 starb der Wittelsbacher Kurfürst Maximilian III. Joseph (geb. 1727, reg. ab 1745). Durch einen Familienvertrag aus dem Jahr 1766 geregelt, erbte Carl Theodor das Kurfürstentum Bayern, musste aber seine Residenz nach München verlegen. Bei seinen Untertanen war der neue Kurfürst – anders als in der Pfalz – nicht beliebt, da er ganz Bayern gegen die österreichischen Niederlande (heute Belgien und Luxemburg) tauschen wollte. Innenpolitisch lagen Carl Theodors Schwerpunkte in den Bereichen Kunst, Wissenschaft, Wohlfahrt und Bildung.

Der Kurfürst starb am 16. Februar 1799 in seiner Münchner Residenz. Da er keinen Thronfolger hinterließ, folgte ihm Herzog Maximilian IV. Joseph von Pfalz-Zweibrücken-Birkenfeld-Bischweiler-Rappoltstein (1756–1825) als Regent nach.

malte ältere Balustrade in Sandsteinoptik, die noch im dritten Obergeschoss sichtbar ist. Dieses Treppenhaus wurde nur vom Personal, den Audienzbesuchern und den Höflingen benutzt, denn von einem kurzen Gang aus gelangt man nur in Vorzimmer. Das Fehlen eines repräsentativen Treppenhauses, wie es in der Winterresidenz in Mannheim vorhanden und in jedem barocken deutschen Schlossbau unabdingbar war, ist wiederum typisch für die ländlich geprägte Sommerresidenz in

Schwetzingen. Das Kurfürstenpaar, das mit der Kutsche von Mannheim anreiste, fuhr in den Durchgang ein und konnte dort trockenen Fußes aussteigen. Der Kurfürst begab sich dann in sein ebenerdiges Sommerappartement, bestehend aus einem Antichambre, einem Schlafzimmer und einem Kabinett im Nordwestturm. Über eine Wendeltreppe gelangte Carl Theodor direkt in sein Kabinett in der Beletage. Zusätzlich führte eine Tür unmittelbar in den Garten. Heute befinden sich in diesen Räumen die Büros von Vermögen und Bau Baden-Württemberg.

Die Kurfürstin verfügte nur über ein Gartenzimmer und eine Retirade im Erdgeschoss. Die Räume werden heute von der Schlossverwaltung genutzt. Über eine zweiläufige Treppe gelangte Elisabeth Auguste geradewegs in ihr Schlafzimmer in der Beletage.

Vorzimmer

Trotz baulicher Enge und schlechtem Zuschnitt der Räume hielt man sich auch in der kurpfälzischen Sommerresidenz an das Vorbild von Schloss Versailles, was die Raumdisposition angeht. Grundsätzlich waren alle Räume nicht auf eine einzige Verwendung festgelegt, sondern konnten mehrere Funktionen erfüllen.

Erstes Vorzimmer im Appartement Carl Theodors

Rippengewölbe des Turmzimmers

Das ***erste Vorzimmer*** mit seiner einfachen Holzvertäfelung wurde als Durchgangszimmer, Aufenthalts- und Arbeitsraum für Personal sowie als Wartezimmer für Audienzbesucher genutzt. Hier hielten sich tagsüber die drei Leiblakaien auf, welche die niederen Arbeiten zu verrichten hatten. Dazu gehörte das Reinigen der Räume, das Aufstecken und Anzünden von Kerzen, Kamin fegen, Holz aufschichten, Feuer entfachen sowie das Aufziehen der Uhren. Über eine Klingelanlage wurde das Personal zum Dienst gerufen. Durch eine Tür mit Oberlicht gelangt man in den alten Turm mit seinem Sterngewölbe. Eindrucksvoll sind die Reste von Renaissance-Bemalung und die Steinmetzzeichen. Dieses Zimmer diente mit seiner Tischbettlade als Unterbringung für die fünf Kammerdiener des Kurfürsten, die abwechselnd ihren Dienst versahen.

Carl Theodor war selbst seinen Dienern gegenüber sehr höflich. So berichtet der Kabinettssekretär Stephan Freiherr von Stengel (1750–1822): „Die, die um ihn waren, behandelte er mit der äusersten Leutseligkeit. Nie hab ich von ihm einen Auftrag im befehlenden Tone empfangen; sie lauteten immer: will er mir das machen? Will er so gut seyn mir dieses zu bringen?“

Das erste Vorzimmer ist mit Hockern, „Tabourets“, und einer Bank ausgestattet, denn nur auf solchen Möbeln durften bürgerliche Audienzbesucher Platz nehmen. Aus didaktischen Gründen werden hier die beiden Porträts von Carl Theodor und Elisabeth Auguste vom Hofmaler Heinrich Carl Brandt (1724–1787) den heutigen Besuchern präsentiert. Das Jagdgemälde stammt aus einem Zyklus von 16 großformatigen Jagdbildern, welche sogenannte „eingestellte" Jagden unter Kurfürst Carl Philipp zeigen. Das kleine Jagdgemälde stammt aus der Zeit Carl Theodors. Die Bilder beziehen sich auf die Nutzung Schwetzingens als Jagdschloss der Kurfürsten von der Pfalz.

Vom ersten Vorzimmer blickt man auch in die ***Hofloge***, wo im 18. Jahrhundert noch die Orgel untergebracht war. In der badischen Zeit nach 1803 entstand durch Umbaumaßnahmen des Architekten Friedrich Weinbrenner (1766–1826) eine neue Orgelempore. Dadurch erhielt die bisher vom kurpfälzischen Hof als katholische Schlosskapelle genutzte Kirche auch ein neues Aussehen und eine neue konfessionelle, nun lutherische, Ausrichtung. Es entstand der übereinander gestaffelte Dreiklang von Altar, Kanzel und Orgel. Diese stammt von Orgelbauer Andreas Ubhauser (1760–1824) aus dem Jahr 1806. Die Hofloge wurde nur von der kurfürstlichen Familie genutzt. Solche Oratorien sind seit der Renaissance üblich: So wurde die Vormachtstellung des Herrschers auch innerhalb eines Gottesdienstes betont.

Hofloge

Zweites Vorzimmer im Appartement Carl Theodors

Das ***zweite Vorzimmer*** ist mit einer gewachsten Baumwolltapete und einer aufwendigeren Möblierung ausgestattet. Die Tischbettlade zeigt, dass dieser Raum nicht nur als Warteraum für adelige Audienzbesucher, sondern auch als Wohnraum für den diensthabenden Kammerherrn genutzt wurde. Von den rund 100 adligen kurpfälzischen Kammerherren bekamen nur 12 eine Besoldung und mussten abwechselnd ihren Dienst bei Hofe versehen. Ihre Tätigkeit bestand vorwiegend in zeremoniellen Funktionen, die Begleitung des Herrschers bei öffentlichen Auftritten, Empfängen und Gottesdiensten. Eine ihrer Aufgaben war die Organisation der nächtlichen Bewachung des Kurfürsten.

1755 gründete der Straßburger Porzellanfabrikant Paul Hannong im kurpfälzischen Frankenthal eine Porzellanmanufaktur, welche 1762 an den Kurfürsten verkauft wurde und die bis 1800 produzierte. Es war üblich, Porzellanfiguren nicht nur als Tafelschmuck zu verwenden,

Carl-Theodor-Büste im Zweiten Vorzimmer des Kurfürsten

sondern auch in den fürstlichen Räumen aufzustellen. Das am 11. März 1775 verfasste Inventar von Schloss Schwetzingen spiegelt leider nicht den bewohnten Zustand der Räume wider. So wurden analog zu überlieferten historischen Raumausstattungen die Porzellane im Schloss präsentiert, um einen möglichen bewohnten Raumeindruck zu vermitteln. Über dem Marmorkamin befindet sich ein Gemälde mit Putti in einer Waldlandschaft von Hofmaler Franz Anton Leydensdorffer (1721–1795). Passend dazu wurden vier Porzellanfiguren von Johann Wilhelm Lanz auf dem Kamin aufgestellt: ein Winzerknabe, ein Wanderbursche, ein Handwerksbursche und ein junges Bauernmädchen.

Schlafzimmer

Alle deutschen Fürstenhöfe orientierten sich in Sachen Mode, Kultur und Ausstattung ihrer Schlösser am französischen Königshof von Versailles. Die Etikette dagegen und das Hofreglement richteten sich immer nach dem burgundisch-spanischen Zeremoniell des Kaiserhofs in Wien, das sich durch Würde und Strenge auszeichnete. Der elementare Unterschied lag darin, dass zu den persönlichen Verrichtungen des Aufstehens und Schlafengehens kein Außenstehender, außer den persönlichen Dienern des Kaisers, zugelassen war.

Schlafzimmer des Kurfürsten mit Kaffeetisch von Johann Georg Wahl

Kabinett des Kurfürsten

Das Schlafzimmer in Schwetzingen ist nicht im Sinne der französischen „Chambre de parade" als reiner Repräsentationsraum zu verstehen, sondern als das tatsächliche Schlafzimmer des Kurfürsten. Hier wurden auch politische Gespräche geführt, wie uns Freiherr von Stengel überliefert: „In der Fruh kamen dann die Churfürstin und Pater Seedorf [der Beichtvater] zu ihm zum Frustuck. Dann holte der Pater die Papiere aus dem Schranke. Es wurde darüber debattiert und die Entscheidungen dieser vertraulichen Konferenzen den Ministern gegeben." Die verwendeten Möbel dazu fertigte 1754 der Kunstschreiner Johann Georg Wahl (1702–1773). Der originale Kaffeetisch und der Schreibschrank sind aufwendig mit Perlmutt und Elfenbeinintarsien verziert und befinden sich heute im Besitz der Familie Wittelsbach in Schloss Berchtesgaden. Um dieses politische Frühstück anschaulich darzustellen, wird ein Tisch mit drei Kaffeegedecken präsentiert. Laut Inventar von 1775 stand auch ein „music pult" im Raum. So kann vermutet werden, dass Carl Theodor, der Flöte und Violoncello spielte, im Schlafzimmer auch musiziert hat.

Kabinett

Das Kabinett eines Fürsten galt als der intimste Raum innerhalb seines Appartements. Auch für Carl Theodor war das Kabinett ein privater Rückzugsort, wo er Mußestunden zu verbringen pflegte und leidenschaftlich gerne las. Hier empfing er in vertraulicher Atmosphäre den französischen Philosophen Voltaire (1694–1778), der 1753 und 1758 in Schwetzingen weilte. Der heute hier präsentierte Architekten- oder Verwandlungstisch stammt aus der renommierten Manufaktur von Abraham Roentgen (1711–1793), ist höhenverstellbar und besitzt Bocksbeine nach englischem Vorbild. Das kostbarste Möbel in Schloss Schwetzingen ist aber erst im 19. Jahrhundert hier nachweisbar.

Über dem Marmorkamin hängt ein Gemälde des Hofmalers Ferdinand Kobell (1740–1799) mit dem Titel „Die gute Mutter". Vorbild dafür war das empfindsame Bild „La bonne mère" von Jean-Baptiste Greuze (1725–1805). Sehr bedeutungsvoll wählte Carl Theodor aus der Fülle sentimentaler Gemälde für sich das Motiv der treusorgenden Mutter mit ihren Kindern aus. Der Kurfürst führte keine glückliche Ehe mit seiner Cousine Elisabeth Auguste. Er fand sein privates Glück bei Geliebten, wobei es in der Kurpfalz keine offizielle Stellung einer „Maîtresse" wie an anderen Höfen gab. Auch durfte die jeweilige Geliebte nicht in den Schlössern wohnen, der Kurfürst war sehr auf Diskretion bedacht. Seine große Liebe war die Balletttänzerin Josepha Seyffert (1748–1771). Sie gebar dem Kurfürsten vier Kinder, darunter seinen einzigen überlebenden Sohn Karl August (1768–1823), den er zum Reichsfürsten von und zu Bretzenheim erheben ließ. Als besorgter Vater hatte Carl Theodor seine insgesamt fünf überlebenden Kinder alle anerkannt und mit Besitz und Adelstiteln ausgestattet, da sie als unehelich Geborene nicht erbberechtigt waren. Ein bisher im Depot befindliches Porträt von Josepha Seyffert als Flora wird zukünftig im Kabinett gezeigt werden.

Hinter der Tapetentür verborgen, auf dem Treppenabsatz, befand sich die Toilette des Kurfürsten. Im Inventar von 1775 werden ausgeführt:

> *„In der Retirade von Ihro Churfürstlichen Durchleucht*
> *1 budee von nußbaum Holtz mit rothen Saffian (Leder) überzogen*
> *1 weiß porcellainenes Geschirr (Nachttopf)*
> *1 Nachtstuhl mit einem weiß bargenten Überzug*
> *1 weiß faiancener pot chambre p.n. (per nota) gantz alt*
> *2 gelb cotonene kleine Fenster vorhänck"*

Treppe zum Appartement des Kurfürsten

Hier endet auch die private Treppe aus dem Sommerappartement im Erdgeschoss, über die Carl Theodor seine Räume bequem erreichen konnte. Im Inventar von 1759 wird sie als „In der geheimen Stieg nach dero Garten Quartier" bezeichnet.

Vermutlich ist das Kabinett auch der Raum im Schwetzinger Schloss, wo Carl Theodor seine physikalischen und meteorologischen Geräte aufbewahrte. Er besaß eine Wettermessstation mit Barometer, Thermometer (Skala in Réaumur), Hygrometer (Luftfeuchtigkeitsmesser) und einem Deklinatorium (Messeinrichtung zur Sichtbarmachung der Schwankung der Magnetfelder). Regelmäßig las er zu den sogenannten „Mannheimer Stunden" um 7, 14 und 21 Uhr die Geräte ab, was noch heute in der modernen Meteorologie so gehandhabt wird. Man wollte dabei Durchschnittswerte erhalten, um damit das Wetter langfristig vorhersagen zu

Sternwarte mit Kuppel, Fernrohr und Aussichtsplattform

können. 1780 wurde die „Societas Meteorologica Palatina“ (kurpfälzisch-meteorologische Gesellschaft) gegründet und 39 Wettermessstationen aufgebaut, von Sibirien über Grönland bis nach Pennsylvania. Erstmalig wurden weltweit und nach wissenschaftlichen Maßstäben Wetterbeobachtungen mit geeichten Geräten durchgeführt. Die Ergebnisse wurden in Sammelbänden, den sogenannten „Ephemeriden“, bis 1795 veröffentlicht. Trotz der kurzen Lebensdauer hat die „Societas Meteorologica Palatina“ wertvolle Arbeit geleistet und einen sicheren Grund geschaffen, auf dem sich unser heutiges meteorologisches Wissen aufbaut.

Das Interesse Carl Theodors an der Physik spiegeln die originalen Blitzableiter auf den Dächern des Schwetzinger Schlosses wider. Am 17. Juli 1776 wurden die sogenannten „Hemmer'schen Fünfspitze“ als nachweislich älteste Blitzableiter Europas montiert. Benannt sind sie nach ihrem Konstrukteur Johann Jakob Hemmer (1733–1790), Mitglied der pfälzischen Akademie der Wissenschaften.

Arbeitszimmer

Der komplett in Holz ausgeführte Pavillon wurde im Winter 1779/80 im chinoisen Stil mit exotisch geschweifter Dachform von Nicolas de Pigage errichtet. Er befindet sich als Anbau auf der Nordseite der Gartenfassade und enthält das Arbeitskabinett des Kurfürsten. Carl Theodor hielt sich nachweislich 1779 und 1785 in Schwetzingen auf und hoffte wahrscheinlich, wieder in seine geliebte Sommerresidenz zurückkehren zu können. Dies scheint wohl der Grund für den Neubau gewesen zu sein.

Als Zeugnisse haben sich nur wenige Rechnungen für den Innenausbau erhalten. Die frühesten Belege stammen von Hofebenist Jakob Kieser (1734–1786) vom 20. April 1780 für vier von ihm gefertigte Sekretäre und einen kleinen Schreibtisch „à l'antique". Den Außenbau beinhaltet die Rechnung vom 27. Mai 1780 von Hofschreiner Adam Graf und dem Kabinettsschlosser Drexler „für an dem neuen kleinen Cabinet gemachte Arbeit". Der quadratische Raum wurde durch ein viertes Spiegelfenster und eine Tapetentür völlig symmetrisch gestaltet. Reste der ursprünglichen Stofftapete mit persischem Muster blieben erhalten und konnten nachgewebt werden. Als „Dessin Perse" bezeichnete man eine bestimmte Art von Blumendekor. Von der originalen Ausstattung ist nur ein kleiner Tisch vor dem Spiegelfenster erhalten. Ein Arbeitszimmer entspricht den von der französischen Architekturtheorie geforderten An-

Arbeitszimmer des Kurfürsten im Grünen Pavillon

nehmlichkeiten für ein fürstliches Appartement. Aus Platzmangel fehlte ein solcher Raum bisher in der Sommerresidenz. Warum dieser Anbau erst nach dem Weggang des Kurfürsten ausgeführt wurde, kann nur Spekulation bleiben.

Konferenzzimmer

In den Inventaren von 1753 und 1759 wird dieser Raum noch als erstes Vorzimmer der Kurfürstin geführt. Zu Beginn der 1760er-Jahre führte man Renovierungsarbeiten durch. Der Sandsteinkamin wurde durch einen grau-violetten Kamin aus Lahnmarmor ersetzt, den eine im Rokoko-Stil geschwungene Agraffe schmückt. Der sogenannte Trumeau zwischen den Fenstern wurde in klassischer Weise mit einem Spiegel und einem Konsoltisch mit einer weißen Marmorplatte ausgestattet und im ganzen Raum eine neue Felderlambris angebracht. Anschließend ordnete man das Zimmer dem Appartement des Kurfürsten zu. Nach dem Vorbild von Schloss Versailles lag das Konferenzzimmer nun neben dem Schlafzimmer des Herrschers. Wegen Platzmangels diente der Raum auch noch als Vorzimmer, Spiel- und Audienzzimmer.

Ein Konferenztisch war wie alle Tische damals mobil, somit konnte die Tafel „aufgehoben“ werden, was wörtlich

Konferenzzimmer des Kurfürsten

zu verstehen war. Das Personal trug die Tischplatte und die Holzböcke nach beendeter Konferenz aus dem Zimmer. 1802, kurz vor Übergabe der Kurpfalz an Baden, wurde nochmals ein Inventar von Schloss Schwetzingen angefertigt, darin findet sich „Im Audience Zimmer Seiner Churfüstlichen Durchlaucht", gemeint ist Kurfürst Maximilian Josef von Pfalz-Bayern, ein „Tisch mit Umhang wie die Tapete" verzeichnet, und diese wird als „gelb und roth gestreifte Moire Tapete" beschrieben, wie sie rekonstruiert wurde.
Laut Inventar von 1775 befand sich damals schon die „Tapet von moire halb seiden roth und gelb gestreift" im Konferenzzimmer. Glücklicherweise hatte sich der originale umhängte Tisch mit einem Stoffrest der Seidentapete erhalten, sodass das Design genau den Ursprungszustand widerspiegelt. Diese einfachen, mit Tapetenstoff umhängten Tische sind typisch für die Schlichtheit der ländlich ausgestatteten Sommerresidenz.

Kurpfälzisches Staatswappen, Öl auf Leinwand

Auf die offizielle Nutzung des Raumes als Konferenzzimmer weisen die beiden von Johann Georg Ziesenis (1716–1776) gemalten Staatsporträts von Carl Theodor und Elisabeth Auguste hin. Dazwischen hängt das große Staatswappen des Kurfürsten, dessen Einzelteile die Herrschaftsbereiche repräsentieren. Carl Theodor regierte das drittgrößte Staatsgebiet im Heiligen Römischen Reich Deutscher Nation, neben Österreich und Preußen. Er hatte aber seinen umfangreichen Besitz geerbt – als friedliebender Herrscher führte der Kurfürst keine Eroberungskriege. Carl Theodor war regierender Herr in sieben Ländern: Von seiner Mutter bekam er das Marquisat Bergen-op-Zoom an der holländischen Nordseeküste und von seinem Vater das Herzogtum Pfalz-Sulzbach in der Oberpfalz vererbt. Durch Erbfolge der Linie Pfalz-Neuburg gelangte er in den Besitz der Herzogtümer Jülich und Berg, der Kurpfalz und von Pfalz-Neuburg (Gebiete in der Oberpfalz). Am 30. Dezember 1777 kam noch das Kurfürstentum Bayern dazu.

Hier und im nachfolgenden Raum fanden die abendlichen „Appartements" statt, wie man die Glücksspielabende nannte. Sie fanden mehrmals wöchentlich statt und stellten den Mittelpunkt der gesellschaftlichen Er-

Carl Theodors Schwetzinger Regierungsgeschäfte

Auch während der Sommermonate tagte fast täglich die „Geheime Konferenz“, die Versammlung der pfälzischen Minister unter dem Vorsitz des Kurfürsten. Nach Vortrag der Minister und Referendare entschied der Kurfürst allein, wann er sich der Mehrheit der Stimmen anschloss. Denn die Konferenz war eine Beraterversammlung für den Fürsten im Sinne seiner Alleinherrschaft und kein kollegiales Entscheidungsgremium.

Während seiner 35-jährigen pfälzischen Regierungszeit erließ Carl Theodor rund 120 000 Verordnungen und Gesetze in ca. 1 660 Sitzungen. Abgesehen von den Konferenzferien, Mitte Juli bis Mitte August, mussten sich die Minister ständig in Schwetzingen aufhalten oder von Mannheim aus pendeln. Selbst während dieser Ferien war der Kabinettssekretär ständig in Schwetzingen anwesend, um die laufenden Regierungsgeschäfte mit Carl Theodor zu erledigen.

Die Grundlagen der pfälzischen Politik schuf Kurfürst Carl Philipp bereits am 15. Mai 1724 mit der Wittelsbacher Hausunion, die noch zu seinen Lebzeiten 1728 und 1734 bestätigt wurde. Der Inhalt der Hausunion war die Anerkennung der gegenseitigen Erbfolge in Bayern und der Kurpfalz, wie sie schon 1329 der Hausvertrag von Pavia festgelegt hatte. Die Hausverträge wurden von Carl Theodor 1761, 1766 und 1771 nochmals ausgefertigt. In dem 1771 in Schwetzingen unterzeichneten Vertrag wurde München als gemeinsamer Regierungssitz festgeschrieben. Am 5. August 1777 unterzeichnete Carl Theodor den letzten wichtigen Vertrag in seiner Schwetzinger Residenz. Darin verpflichteten sich die Vertragsunterzeichneten, neben Carl Theodor noch Kurfürst Maximilian Joseph von Bayern und Herzog Karl August von Zweibrücken, dass keiner der Partner in Zukunft ohne Zustimmung der anderen berechtigt wäre, Verträge abzuschließen.

Ein weiteres bedeutendes Dokument wurde ebenfalls hier im Konferenzzimmer von Carl Theodor unterschrieben. Am 20. Oktober 1763 erfolgte die Gründung der Pfälzischen Akademie der Wissenschaften. Das Motto der Akademie lautete „In omnibus veritas suprema lex esto“ – Wahrheit soll das oberste Gesetz sein. Ihr offizieller Name lautete „Academia Electoralis Theodoro Palatina de rerum gestarum atque naturalium“, nach ihrem Begründer Kurfürst Carl Theodor, kurz Academia Theodoro Palatina genannt.

Auch das Interesse des Kurfürsten an der neuen deutschsprachigen Literatur verdient besonders hervorgehoben zu werden. So unterstützte er die Bemühungen seines Kabinettsekretärs Freiherr Stephan von Stengel für eine Rechtschreibreform der deutschen Sprache 1775 mit der Gründung einer „Kurpfälzisch Teutschen Gesellschaft“. Prominenteste Mitglieder waren Lessing, Schiller, Wieland und Klopstock. Das Gründungsdekret wurde ebenfalls im Schwetzinger Konferenzzimmer unterzeichnet.

Ein überaus humanes Dekret besiegelte man hier am 2. September 1776: Die Folter in der Kurpfalz wurde abgeschafft – dies war ein elementarer Teil der aufgeklärten Politik Carl Theodors.

eignisse bei Hofe dar. Dabei waren die Flügeltüren geöffnet und Enfiladen und Durchblicke konnten genossen werden. Zu diesen Anlässen wurden bekannte Personen geladen, wie z. B. Giacomo Casanova (1725–1798) im Jahr 1767. Über Carl Theodor ist bekannt, dass er Kartenspiele schätzte, sein Lieblingsspiel war allerdings Schach. Spiele waren der typische Zeitvertreib im Alltagsleben bei Hofe. Zwei Kammerportiers, die tagsüber als Türhüter arbeiteten, bedienten abends die Hofgesellschaft beim Spiel mit Erfrischungen in Form von Getränken und Süßigkeiten.

DAS APPARTEMENT DER KURFÜRSTIN ELISABETH AUGUSTE

Audienzzimmer

Seit das erste Vorzimmer im Appartement von Elisabeth Auguste als Konferenzzimmer des Kurfürsten genutzt wurde, wird der Raum im Inventar von 1775 als „Ansprach Zimmer“ bezeichnet. Es diente der Kurfürstin als Audienzzimmer und wurde für die abendlichen „Appartements“ mit Spieltischen ausgestattet.

Die Räume der Kurfürstin wurden als letzte renoviert, denn Schlafzimmer und Audienzzimmer erhielten Marmorkamine im Stil Louis-Seize, wie sie auch für das Badhaus Verwendung fanden. Um Abstammung und hohe Geburt von Elisabeth Auguste zu dokumentieren, hingen hier schon immer Familienporträts des Hauses Wittelsbach. Wegen der Kinderlosigkeit des Kurfürstenpaares rückte die Familie Pfalz-Zweibrücken-Birkenfeld-Bischweiler-Rappoltstein in der Erbfolge nach. Als nächster Verwandter war Herzog Christian IV. von Zweibrücken (1722–1775) als Erbe vorgesehen. Aus seiner geheim gehaltenen Ehe mit der nicht standesgemäßen Tänzerin Marie-Anne Camasse (1734–1807) entstammten die Grafen von Forbach, die nicht erbberechtigt waren. Somit rückten sein jüngerer Bruder und dessen Söhne in der Erbfolge nach. Pfalzgraf Friedrich Michael von Zweibrücken, Général-en-chef aller kurpfälzischen Truppen, war mit der jüngsten Schwester der Kurfürstin, Franziska Dorothea, verheiratet. Ihr zweitgeborener Sohn, Maximilian Joseph (geb. 1756, Herzog von

Audienzzimmer der Kurfürstin

Zweibrücken 1795, Kurfürst von Pfalz-Bayern 1799, König von Bayern 1806–1825), wurde Universalerbe des Hauses Wittelsbach.

Das Porträt der Kurfürstin über dem Kamin zeigt sie als Jagdgöttin Diana und verweist auf die Jagdleidenschaft von Elisabeth Auguste. Oft fanden die Jagden im Hardtwald statt, der an den Schwetzinger Schlossgarten anschließt. Die Kurfürstin sah in der Jagd ein fürstliches Privileg und ein persönliches Amüsement, auf das sie auch im Alter nicht verzichten wollte.

Carl Theodor bevorzugte dagegen die Parforcejagd mit einer Hundemeute, wozu eigens ein Waldgebiet in Käfertal bei Mannheim, der sogenannte Karlstern, und der Schwetzinger Hardtwald, die sogenannte Sternallee, eingefriedet wurden. Der Kurfürst gab aber diese teure Jagdart, die er als sportliche Betätigung ansah, im Alter auf. Er war wegen Gleichgewichtsproblemen öfter vom Pferd gefallen.

Franziska Dorothea von Pfalz-Sulzbach, Gemälde im Audienzzimmer

Schlafzimmer

Die getrennten Schlafzimmer spiegeln das Vorbild von Versailles wider. Hauptaufgabe einer Fürstin war die Sicherung der Dynastie. Der Erhalt der beherrschten Länder war ein dominierender Faktor der kurpfälzischen Po-

litik. Als der Kindersegen bei Carl Theodor und Elisabeth Auguste ausblieb, unternahm die Kurfürstin Wallfahrten zur wundertätigen Muttergottes nach Waghäusel und Badekuren nach Bad Schwalbach. Erst im Alter von 40 Jahren, nach 19-jähriger Ehe, wurde sie schwanger. Die Geburt fand in der Nacht des 28. Juni 1761 im Schlafzimmer der Kurfürstin statt. Das Kind, ein Sohn, der den Namen Franz Josef Ludwig erhielt, starb wenige Stunden nach der Geburt.
Von diesem Schicksalsschlag erholte sich Elisabeth Auguste nicht. Durch dieses Erlebnis wurde ihr Schwetzingen verhasst, auch wenn ihre Räume neu ausgestattet wurden. Ihre neugewonnene Frömmigkeit drückte sich auch in einem Betstuhl neben dem Bett aus. 1768 siedelte die Kurfürstin nach Schloss Oggersheim über, wo sie eine Wallfahrtskirche mit einem Loreto-Heiligtum errichten ließ. Carl Theodor bestand aber auf ihrer Anwesenheit, wenn beispielsweise hoher Besuch erwartet wurde, um den Schein aufrechtzuerhalten. Elisabeth Auguste vermied es aber, in Schwetzingen zu übernachten und kehrte abends immer nach Oggersheim zurück.

Hinter einer Tapetentür verborgen befindet sich die „Retirade" mit Nachtstuhl und Bidet. Obwohl damals schon Wasserspülungen bei Toiletten bekannt waren,

Schlafzimmer der Kurfürstin

Retirade

gab es hier nur einen stoffbezogenen „Nachtstuhl mit weiß faiancenen Geschirr“. Durch eine kleine Durchreiche wurden die Toiletten durch den „Kübler“ entsorgt.

Über eine neben der Retirade befindliche Treppe gelangt man in das im Erdgeschoss gelegene Garten- und Badeappartement. Dies war auch der private Zugang der Kurfürstin zu ihren Räumen. Nach dem Inventar von 1775 befand sich hier „1 großer meßingener Bad-Zuber“. Im Gegensatz zu Carl Theodor, der über ein separates Badehaus verfügte, musste das Gartenappartement der Kurfürstin mit einem Badeappartement kombiniert werden.

Kabinett und Schreibzimmer

Das Kabinett von Elisabeth Auguste ist am kostbarsten ausgestattet. Es wurde nach der tragischen Geburt neu gestaltet und durch einen Erker erweitert. Das Zimmer wurde von Kabinettschreiner Franz Zeller mit einem prächtigen Intarsienfußboden in Form einer Fächerrosette versehen. Der symmetrisch gestaltete Raum erhielt einen zusätzlichen Scheinkamin und Tapetentüren. Die aufwendige Seidentapete konnte durch erhaltene Reste am Kaminschirm rekonstruiert werden. Der Kaminschirm wurde vor den nicht beheizten Kamin gestellt, um die als hässlich empfundene Feuerstelle zu kaschieren und vor Zugluft zu schützen. Zur originalen Einrichtung gehört ein „lit de repose mit Zitz überzogen", also ein Ruhesofa mit gewachstem Baumwollbezug. Die kostbare Seidentapete mit Früchteranken und der filigrane Stuck in Blütenform stilisieren den Raum als Gartenzimmer.

Ein Durchbruch durch das Südfenster ermöglichte den Anbau eines Erkers, in dem das winzige Schreibkabinett untergebracht ist. Dieser Raum erhielt ebenfalls ein aufwendiges Parkett in Rautenoptik. Die Schnitzereien der prunkvoll gestalteten Holzvertäfelung stammen vom Hofbildhauer Augustin Egell (1730–1786), ebenso die exquisiten Spiegel und Konsoltische. Hier befindet sich auch das einzige Deckengemälde im gesamten Schloss, ausgeführt von Franz Anton Leydensdorffer (1721–1795).

Kabinett der Kurfürstin

Detail des Deckengemäldes von Franz Anton Leydensdorffer im Schreibkabinett

Schreibkabinett der Kurfürstin

Das Schreibkabinett enthält ein kleines Zylinderbüro mit Rolldeckel und sehr schmale Eckschränke, die stilistisch dem Hofebenisten Jakob Kieser zuzuschreiben sind. Laut Inventar befanden sich zwei Sessel im Schreibzimmer, woraus sich schließen lässt, dass die Kurfürstin hier in sehr privater, aber auch beengter Atmosphäre vertrauten Besuch empfing. Die Tapetentür kann von außen nur durch einen Schlüssel geöffnet werden, da es keinen Türgriff gibt – ein weiterer Hinweis auf die private Nutzung des Schreibkabinetts durch Elisabeth Auguste.

Degagements

Unter Degagements versteht man Räume für die Diener, die meist so angelegt sind, dass die adeligen Herrschaften durch deren Arbeiten nicht gestört werden. Durch die baulich bedingte Enge gelang es in Schwetzingen nicht, diese Bereiche vollkommen in den Hintergrund zu drängen. Zum Teil musste die Herrschaft durch die Räume des Personals hindurchgehen, so beim nachfolgenden „Cammerdienerin Zimmer“, das als Verbindung zwischen Schlafzimmer und Speiseraum fungierte.

Die Räume zeigen einen besonderen Aspekt des Schwetzinger Schlosses – das Alltagsleben. Der erste Raum diente den bürgerlichen Kammerdienerinnen der Kurfürstin als Aufenthaltsbereich, wo sie ihrer Tätigkeit nachgehen konnten, wo aber auch eine Dienerin nachts in der Tischbettlade schlafen musste. Durch eine Klingel konnte rund um die Uhr Personal zur Kurfürstin beordert werden.

Nach dem Inventar von 1802 hingen hier 36 Hofdamenporträts, von denen heute noch 26 erhalten sind. Die meisten Bilder stammen aus der Werkstatt von Johann Georg Ziesenis. Die Bezeichnungen auf der Rückseite geben wertvolle Informationen über Namen und Hofamt der Dargestellten an.
An erster Stelle im Hofstaat der Kurfürstin rangierte die Obristhofmeisterin, eine verwitwete Dame altadeliger Herkunft. Sie führte die Oberaufsicht über die fürstliche Garderobe und den Schmuck. Die nächste Position nahm

Hofdamenzimmer

Johann Georg Ziesenis: Louisa Freifrau von der Osten, Hofdame 1737, „Cammer Freulein“ 1743

die ebenfalls verwitwete Fräulein-Hofmeisterin ein, die das sittliche Verhalten der Hofdamen zu überwachen hatte. Im Rang nachfolgend kamen zwei Kammerfräulein, die ebenso wie die vier Hofdamen ledig sein mussten. Die Damen stammten alle aus altem Reichsadel und genossen eine lebenslange Anstellung mit Besoldung. Bei freier Kost und sonstigen Vergünstigungen wohnten sie in eigenen Räumen in der dritten Etage des Schlosses. Die nächste Rangstufe nahmen die Kammerfrauen ein, die Elisabeth Auguste kleideten und schminkten, darunter auch eine „Coiffeuse“ und eine „Kaffeefrau“, die für die Zubereitung des modischen Heißgetränkes zuständig war. Die Kammerdienerinnen, die hinter den Kammerfrauen rangierten, waren für die einfachen Dienstleistungen zuständig und mussten deshalb auch abwechselnd in der Tischbettlade hier im Raum schlafen. Die rangniedrigsten „Kammermenscher“ erledigten die Zimmerreinigung, flickten die Wäsche und brachten sie zu den Wäscherinnen, denn diese Dienstleistung war privatwirtschaftlich vergeben.

Auf den Porträts erkennt man auch die extrem schlanke Frauentaille, deren Umfang modebedingt zwischen 50 und 60 cm betrug. Die Hüften dagegen wurden durch ein ovales „Panier“ (Reifrock) betont. Bei großer Hofgala gab es Paniers von bis zu zwei Metern Durchmesser. In der Sommerresidenz verzichtete man allerdings auf große Gala, Elisabeth Auguste bevorzugte Roben „à la Polonaise“ (nach polnischer Art), dabei war das Panier relativ schmal und die Oberröcke wurden gerafft getragen, damit man mehr Bewegungsfreiheit hatte. Ein Teil der Kleidung von Elisabeth Auguste wurde hier in den Wandschränken verwahrt, wie z. B. die Leibwäsche, die nur aus einem bodenlangen Unterkleid bestand – Unterhosen für Frauen waren im 18. Jahrhundert als unmoralisch verpönt.

Auf das Zimmer der Kammerdienerinnen folgt ein Vorzimmer. Die grüngefasste Holzvertäfelung wurde erst nach 1775 angebracht. Der Raum diente ebenfalls als Arbeits- und Schlafzimmer für das weibliche Personal. So wird er im Inventar von 1759 als „vorzimmer wo das Stuben-Mägdel schläfft“ bezeichnet und enthielt laut In-

Puderkammer der Kurfürstin

ventar von 1775 einfache Stühle, einen „bett tisch“ und „1 tannener biegel tisch“, der sicherlich nur temporär in diesem Durchgangsraum stand.
Die danebenliegende Garderobe ist in einem mehrstöckigen Anbau des 16. Jahrhunderts untergebracht, dessen Fußbodenniveau tiefer liegt. Das Zimmer verfügte laut Inventar nur über alte und „schlechte“ Möbel. Der typische Arbeitsraum zeigt heute ein zeitgenössisches Kleid aus dem späten 18. Jahrhundert und ein Korsett.

Durch eine niedrige Tür sieht man „In der frauen Churfürstin Durchleucht Kammerfrauen Schlaff-Zimmer“ hinein. Als solche führte der Hofkalender von 1777 Theresia von Paggiary, Antonia Varnhagen und Maria Cordula de Pigage, Ehefrau des Architekten Nicolas de Pigage, auf. Die Damen nutzten diesen Raum abwechselnd während ihrer turnusmäßigen Dienstzeit als Schlafzimmer.

Über einen holzvertäfelten Gang erreicht man die Privatbibliothek und die Puderkammer der Kurfürstin, die bis 1775 als zusätzlicher Garderobenraum genutzt wurde. Obwohl Elisabeth Auguste eigentlich schon in Oggersheim lebte, besaß sie auch in der Schwetzinger Sommerresidenz eine modische Puderkammer. Darin bestäubte

Privatbibliothek der Kürfürstin

die „Coiffeuse“ mit einem Blasebalg die pompösen und hohen barocken Damenfrisuren mit Puder. Die Pudermaske, der Blasebalg und die ausgestellte Hochfrisur verdeutlichen diese Frisurenmode. Die hier im Schloss vorhandene Puderkammer ist etwas ganz Besonderes: Sie ist die einzig erhaltene in Europa.

Bibliothek

Elisabeth Auguste hatte sowohl in Schwetzingen als auch in Mannheim eine kleine Kabinettsbibliothek. In Schwetzingen sind die Bücherschränke mit Glastüren verschlossen, auf denen die Bücher nur aufgemalt sind. In ihrem Hofstaat finden sich ein Bibliothekar und eine Vorleserin. Man kann vermuten, dass sich Elisabeth Auguste insbesondere zeitgenössische Romane vorlesen ließ, die in den Regalen standen. Von Carl Theodor ist dokumentiert, dass er täglich mehrere Stunden las, vor allem wissenschaftliche Werke.

Grünes Speisezimmer

Selbst dieser größte Raum des Schlosses war für Hoffeste und deren üppige Tafeln zu klein, dafür stand dem kurpfälzischen Hof im südlichen Zirkelgebäude ein „Speiß Saal“, der heutige Jagdsaal, zur Verfügung. Das Grüne Speisezimmer diente nur für tägliche Essen der fürstlichen

Familie in kleinem Kreise. Im Schlossbau setzte sich erst in der Mitte des 18. Jahrhunderts ein Speiseraum durch. Zuvor speiste man häufig im Schlafzimmer oder einem Vorzimmer.

Die häufigste Tafelform war das Oval, da hierbei keine Rangunterschiede bei der Platzierung der Gäste zu beachten waren. Getafelt wurde „à la française", wobei drei verschiedene Gänge mit jeweils bis zu 80 verschiedenen Gerichten serviert wurden. Bei jedem Gang wurden das Tischtuch, die Servietten, Bestecke und Teller ausgetauscht. Die ersten beiden Gänge wurden in der Hofküche zubereitet und enthielten warme Speisen, den dritten Gang mit dem Dessert lieferte die Hofkonditorei. Die beliebten exotischen Früchte wie Ananas, Orangen, Zitronen und Feigen wurden in der Orangerie im Schlossgarten angebaut. Von Carl Theodor hat sich eine Menükarte erhalten, auf der „Indian mit Zibeben" (Truthahn mit Rosinen) verzeichnet ist. Das Auftragen der Speisen übernahmen meist Pagen, adelige Jungen, die am Hof erzogen wurden. Das Essen wurde nach Gedeckplänen auf den Tisch gestellt, die Gäste bedienten sich selbst. Getränke und Gläser standen nie auf der Tafel, sie wurden auf Schenkentischen bereitgehalten und den Gästen serviert.

Grünes Speisezimmer

Detail im Speisezimmer: Jäger aus Kurpfalz, Tischaufsatz aus Frankenthaler Porzellan

Heute wird im Speisezimmer ein Service aus Frankenthaler Porzellan präsentiert. Nach der neuesten damaligen Mode sind die Schüsseln mit festverschließbaren Deckeln versehen „theils, damit die Speisen darunter warm bleiben, theils und vornehmlich aber, damit sie nicht durch den herabfallenden Poudre und anderen Wust von denen, die sie auf die Tafeln setzen, verunreiniget, und unappetitilich werden", schrieb Julius Bernhard von Rohr 1733 in der „Ceremoniel=Wissenschafft der grossen Herren". Die beiden Frankenthaler Porzellanfiguren stellen zum einen das sogenannte „Hallali" und den berühmten „Jäger aus Kurpfalz" dar. Fulminanter Höhepunkt der Tafel ist das Schaugericht einer Pfauenpastete. Auf der Kommode kündigt sich schon der abschließende Dessertgang mit drei Obstpyramiden an.

Auffallend ist im Speisezimmer eines der seltenen Kinderporträts des 18. Jahrhunderts. Laut Inventar von 1802 zeigt es „die höchstselige Frau Churfürstin als Kind", doch schon im Nachfolgeinventar zwei Jahre später ist es nur noch

„eine Frau mit einem Kind vorstellend". Es stellt sich die Frage, welches Kind dargestellt ist. Man sieht ein etwa zweijähriges Kind aus einer fürstlichen Familie. Der wattierte Kopfputz mit Reiherfedern soll vor Verletzungen beim Laufenlernen schützen. Das Kind trägt ein weißes, mit Amuletten geschmücktes Kleid und wird von der dunkel gekleideten Kinderfrau auf einem Samtkissen regelrecht präsentiert. Dynastische Gründe sprechen dagegen, in dem Kind Elisabeth Auguste zu sehen. Ungewöhnlich ist, dass die Mutter des Kindes nicht gezeigt wird. Es könnte sich um den am 17. März 1718 in Neuburg an der Donau geborenen Erbprinzen Carl Philipp August handeln, den ersten Enkel von Kurfürst Carl Philipp. Der pfälzische Hof befand sich gerade auf der Reise von Innsbruck nach Schwetzingen, wegen seiner schwachen Gesundheit ließ man den Erbprinzen in Neuburg in der Obhut einer Kinderfrau zurück. Er kam erst 1720 in die Kurpfalz und verstarb hier im Alter von sechs Jahren. Es könnte sich aber auch um ein Kinderbild von Carl Theodor handeln, der die ersten zehn Lebensjahre in Brüssel bei seiner Urgroßmutter zubrachte.

Gemälde um 1720, das den Enkel des Kurfürsten, Carl Philipp August, darstellen könnte

Credenzzimmer

Dem ländlichen Charakter der Schwetzinger Sommerresidenz entsprechend, herrschen helle, freundliche Farben wie hier das modische „Strohgelb" vor. Das Credenzzim-

Credenzzimmer

mer konnte seine eigentliche Funktion nur bedingt erfüllen, da es noch weiter vom Küchenbau entfernt liegt als das Speisezimmer. Im Wandschrank wird ein Frankenthaler Porzellanservice präsentiert. Zu sehen sind auch drei Teller des kostbaren Mannheimer Hofservice, das nach dem Vorbild des Meißener Schwanenservice Reliefdarstellungen in der Fahne aufweist. Schaugerichte aus Straßburger Fayence zeigen eine Rehkeule, eine Artischocke und Zitronen, in denen jeweils das dargestellte Essen serviert wurde – so kredenzte man Sorbet in den Zitronen. Der Rundgang durch die Räume des 18. Jahrhunderts ist hier beendet und man gelangt vom Credenzzimmer wieder in das Treppenhaus.

Marie-Christin Oswald-Schmitt

DIE ZIRKELHÄUSER

Die beiden symmetrisch errichteten Zirkelhäuser, die das Halbrund der zwei Laubengänge im Parterre zum vollen Kreis ergänzen, wurden zwischen 1748 und 1754 erbaut. Sie sind verputzte Ziegelbauten, die ursprünglich weiß gefasst waren – nur die Schmuckelemente an der Gebäudefassade bestehen aus gefasstem Sandstein. Die eingeschossigen Gebäude sind in mehrere Pavillons und Trakte unterteilt und mit raumhohen Fensterreihen, den sogenannten „Portes de fenêtre", ausgestattet. Die dekorative Bauplastik in Form von Kurkronen, Flammenvasen und Blumenkörben wurde von dem kurpfälzischen Hofbildhauer Matthias van den Branden (1716–1788) geschaffen. Bei den insgesamt acht Vasen auf den Zirkelbauten handelt es sich heute um 1971 angefertigte Abgüsse der Originale, die aus konservatorischen Gründen abgenommen wurden und in Depots verwahrt werden. Die Fassaden und Dächer wurden 1979 und von 1984 bis 1987 aufwendig restauriert, wobei man damals auch die wertvollen Stuckarbeiten im Südlichen Zirkelhaus erneuerte.

Nördliches Zirkelhaus

Der Bau des Nördlichen Zirkelhauses wurde 1748 von dem kurpfälzischen Oberbaudirektor Alessandro Galli da Bibiena (1686–1748) begonnen. Der französische Architekt Guillaume d'Hauberat (1680–1749), der bereits im gleichen Jahr durch den Tod da Bibienas dessen Nachfol-

Nördliches Zirkelhaus

ger wurde, führte die Arbeiten mit seinem Baumeister Franz Wilhelm Rabaliatti (1716–1782) weiter, sodass der Bau 1750 – die letzte Bauphase hatte der lothringische Architekt Nicolas de Pigage (1723–1796) übernommen – bereits vollendet war.

Von Anfang an als Orangeriegebäude geplant, sollte der Nordzirkel die baufällige Orangerie von 1720 ersetzen. Die fünf großen Säle in dem neuen Gebäude wurden mit raumhohen Fenstern für ausreichend Sonnenlicht ausgestattet. Im schlichten Inneren gab es genügend Stellplätze für exotische Pflanzen, wie zum Beispiel Orangenbäumchen, die im Winter durch große eiserne Öfen gewärmt wurden. Als ab 1752 das Schlosstheater hinter dem Nordzirkel unter der Leitung von Pigage errichtet wurde, nutzte man den vierten Saal nicht länger als Orangerie, sondern bis heute als Foyer und Haupteingang für das „Comoedienhaus". Im 18. Jahrhundert war im heutigen Schlossrestaurant das Kulissenmagazin untergebracht, welches mit einem hölzernen Kommunikationsgang direkt mit der Bühne des Theaters verbunden war.

Südliches Zirkelhaus

Anfänglich plante der zum Oberbaudirektor ernannte Nicolas de Pigage ein zweites Zirkelhaus westlich vom nördlichen Gebäude. Zum Zeitpunkt dieser Planungen

Theaterfoyer im Nördlichen Zirkelhaus

rechnete man mit einem Neubau des Schlosses, welches in der Mitte eines Zirkels stehen sollte. Als der Kurfürst aus finanziellen Gründen auf den Neubau des Schlosses verzichten musste, wurden die Pläne von Franz Wilhelm Rabaliatti umgesetzt, die einen zweiten Orangerieflügel südwestlich des alten Schlossgebäudes vorsahen. Wie der Nordzirkel wurde auch der 1754 fertig gestellte Südzirkel in Pavillons und Trakte mit raumhohen Fenstern gegliedert. Ursprünglich als Orangerie gedacht, wurde dieses Gebäude jedoch mit Festsälen ausgestattet, da entsprechende Räume im Schloss fehlten.

Im Südlichen Zirkelhaus entstand eine Raumfolge aus Gartensaal, Speisesaal, Ballsaal, Spielsaal und wiederum einem Gartensaal als Abschluss. Der erste Gartensaal diente der Hofgesellschaft als Entrée und war daher relativ schmucklos gehalten. Durch einen Verbindungsgang war dieser Raum direkt mit der Hofküche verbunden, in welcher die Speisen für die Hoffeste zubereitet wurden. Heute befindet sich im ersten Gartensaal eine Dauerausstellung zum Schlossgarten.

Der angrenzende Speisesaal, heute Jagdsaal genannt, wurde im Gegensatz dazu prächtig ausgeschmückt und bot ausreichend Platz für Feierlichkeiten und die große Hoftafel. Der Fußboden besteht aus rötlichen und beigen

Sandsteinplatten, welche rautenförmig verlegt wurden. In den Ecken sind vier aus rosafarbenem Lahnmarmor errichtete Kamine zu sehen. Ursprünglich befanden sich im Speisesaal böhmische Kristallleuchter, die ab 1775 durch neun Laternen mit Schmelzblumen ersetzt wurden. Von diesen Laternen schmücken zurzeit fünf diesen Raum. Ursprünglich war die Decke des Saals mit Gemälden des Heidelberger Künstlers Franz Anton Ermentraut und Stuckarbeiten des Stuckateurs von Merck verziert. Nach Bauschäden und der daraus folgenden Zerstörung der wandfesten Ausstattung ersetzte der Stuckateur Giuseppe Antonio Albucci Ende der 1770er-Jahre die Kunstwerke: Er schuf filigrane asymmetrische Stuckarbeiten in einem lindgrün gefassten Raum. Die Decke des Speisesaals wird von einer ovalen Stuckrosette dominiert; über den raumhohen Türen und Fenstern erkennt man kleine Putten mit erlegten Tieren, welche die Jagd symbolisieren. In den Ecken der Decke kann man die Attribute der vier Jahreszeiten identifizieren, welche durch Blumenkörbe und Szenen mit Putten repräsentiert werden.

Der sich anschließende Ballsaal, heute „Langer Saal", ist wiederum schlichter gehalten, denn es war üblich, einen Ballsaal je nach Anlass mit Wandteppichen zu schmücken. Die hier zu sehenden Kristallleuchter sind eine Besonder-

Jagdsaal im Südlichen Zirkelhaus

Nördlicher Zirkelbau mit Kreisparterre

Mozartsaal im Südlichen Zirkelhaus

heit, denn sie wurden aus Resten von originalen Kronleuchtern aus dem Rittersaal im Mannheimer Schloss zusammengesetzt.

Der nachfolgende Saal, „Salle de jeu", diente dem kurpfälzischen Hof als Spiel- und Gesellschaftsraum. Da sich der Kurfürst und sein Hofstaat regelmäßig hier aufhielten, wurde er hochwertig ausgestattet. So war der Fußboden zu Zeiten Carl Theodors mit französischem Parkett ausgelegt, welches jedoch nicht mehr erhalten ist. Heute besteht der Boden aus zweifarbigen Sandsteinplatten, die rautenförmig verlegt wurden. Aus dem 18. Jahrhundert stammen die vier rosafarbenen Rokokokamine aus Lahnmarmor in den Ecken des Raumes sowie die um 1775 angebrachten fünf Laternen mit Schmelzblumen. Auch hier schuf der Stuckateur Giuseppe Antonio Albucci exquisite Stuckarbeiten. Der Raum ist ebenfalls in Lindgrün gehalten und neben einer prächtigen, ovalen Stuckrosette an der Decke mit zahlreichen Rocaillegirlanden und floraler Ornamentik verziert.

Bei einer der musikalischen „Accademien", die im „Salle de jeu" stattfanden, war das siebenjährige Wunderkind Wolfgang Amadeus Mozart zusammen mit seiner Schwester Nannerl zu Gast: Am 18. Juli 1763 musizierte er hier vor dem kurpfälzischen Hof. „Meine Kinder haben ganz

Schwetzingen in Bewegung gesetzet: und die Churf. Herrschaften hatten ein unbeschreiblich vergnügen, und alles geriet in verwunderung", schrieb Leopold Mozart am Tag nach dem Konzert an einen Freund in Salzburg. Anlässlich des 250. Geburtstags des berühmten Komponisten wurde der „Salle de jeu" im Jahr 2006 offiziell in Mozartsaal umbenannt.

An den Mozartsaal schließt sich als Abschluss der Raumfolge ein weiterer schlichter Gartensaal an. Im Inventar von 1775 werden in diesem Raum als einzige Möbelstücke ein neues und ein altes Billard erwähnt, sodass der Hof diesen Saal als Billardzimmer nutzen konnte. Im heute Steinhauersaal genannten Raum befinden sich die originalen Figuren des Kreisparterres aus dem Schlossgarten. Diese können im Rahmen einer Themensonderführung besichtigt werden.

DAS SCHLOSSTHEATER

Ralf Richard Wagner

Seit der Ankunft des Kurfürsten Carl Philipp von der Pfalz 1718 in Schwetzingen fanden in der kurpfälzischen Sommerresidenz Theateraufführungen statt. Dafür gab es einen Theaterraum in der alten Orangerie, die als paralleler Quer-

Schlosstheater

bau zum Schloss den kleinen Garten abschloss. Nach Baufälligkeit und Abriss dieser Orangerie wurde unter Kurfürst Carl Theodor ein Interimstheater errichtet, für das Oberbaudirektor Alessandro Galli da Bibiena 1746 den Auftrag erhalten hatte: Er solle „ein kleines Theatrun daselbsten, zu exhibirung der französischen Comoedie, aufrichten lassen". Der Ort dieses Gebäudes ist nicht bekannt.

Unter dem neuen Oberbaudirektor Nicolas de Pigage wurde 1752 ein neues Theater hinter dem nördlichen Zirkelbau begonnen. Anlass dafür war der angekündigte Besuch der Wittelsbacher Verwandten aus Bayern. Am 20. Mai 1752 stellte Pigage einen Kostenvoranschlag über 5.900 Gulden auf. Schon nach sechs Wochen war der Rohbau fertiggestellt. Das Programm zur Eröffnung des neuen Theaters war schon geplant, nur kamen die Bayern erst im Dezember, sodass der Besuch in Mannheim stattfand.
Am 30. Dezember 1752 errechnete Pigage den „Sämtliche Kösten Betrag des Neuen Comedienhauses Zu schwetzingen" mit einer Gesamtsumme von 22.790 Gulden und 42 Kreuzern. Die Kosten waren nahezu explodiert und Pigage stritt mit den Handwerkern, welche die Steigerung damit begründeten, „daß dieses Gebäu nicht nach dem ersten plane oder riss gemacht, sondern vielfältig verändert und vergrössert worden" sei. Das neue Schlosstheater wurde am 15. Juni 1753 mit der Uraufführung der Pastoraloper „Il figlio delle selve" (Das Kind der Wildnis) von Ignaz Holzbauer (1711–1783) eröffnet.

Zu Beginn des 18. Jahrhunderts war das barocke Logentheater in Italien ein mustergültiger Bautyp, der überall in Europa nachgeahmt wurde. Das Hoftheater war, wie in Schwetzingen, meist ein Teil eines Schlosskomplexes, sodass keine besondere Außenfassade und Einbindung in den urbanen Kontext notwendig war. Öffentliche Theater hingegen standen an einer bevorzugten Stelle in der Stadt und wurden als monumentaler Baukörper konzipiert. Das auf Kosten der Herrscherdynastie erbaute Hoftheater wurde unter den Prämissen der Eleganz, Repräsentation und Bequemlichkeit errichtet. Beim öffentlichen Theaterbau war das Kriterium einer bestmöglichen Bestuhlung entscheidend, da die Finanzierung normalerweise auf der Vermietung von privaten Logen beruhte. Dementspre-

Zuschauerraum

chend waren diese Theater auf drei Seiten vollständig mit Logen mit bis zu sechs Rängen ausgestattet.

1714 bis 1717 wurde das Teatro Ducale in Mailand mit fünf Logenrängen ausgestattet und 1776 wurde „La Scala" noch ein sechster Rang hinzugefügt. Es galt nach dem Umbau mit 4 000 Zuschauerplätzen als das größte Theater der Welt. Diese kleinteiligen Logenhäuser der italienischen Theaterbauten wurden von französischen Architekturtheoretikern als „Hühnerkäfige" verunglimpft. Sie forderten stattdessen ein monumentales Auditorium, das nach antiken Vorbildern mit offenen Rängen gestaltet werden sollte. Die Logentheater standen auch in der gesellschaftlichen Kritik, denn die höchste Aufgabe der Kunst bestünde nicht mehr in der Selbstinszenierung des absoluten Herrschers, sondern in der Repräsentation der Öffentlichkeit. Das Theater sollte nicht länger eine elitäre Veranstaltung der Hofgesellschaft sein, sondern der Allgemeinheit zugutekommen.

Diese aufgeklärten Ideen wurden von Pigage in genialer Weise im Schwetzinger „Comoedienhaus" verwirklicht. Es ist mit seiner Bauzeit 1752/53 der früheste Typ des offenen Rangtheaters in Europa. Seine schlichte Ausstattung, wie sie von der französischen Architekturtheorie gefordert wurde, steht im Gegensatz zu den ornamental überladenen zeitgleichen Theaterinterieurs in München und Bayreuth. Die Rangbrüstungen waren ursprünglich altrosa grundiert und in Rokoko-Manier mit gold-ockerfarbigen Ornamenten und Blütengirlanden bemalt.

Bereits 1771 wurde „das Schwetzinger Comedie Theatre an verschiedenen Orthen mangelhaft und baufällig befunden". Bei Baumaßnahmen wurde die Hinterbühne angebaut und ein neues Treppenhaus errichtet. Nach 18 Jahren Nutzung des Theaters mit Kerzenbeleuchtung muss der Zuschauerraum auch stark verrußt gewesen sein, sodass eine Neuausmalung notwendig wurde. Die heutige Farbgebung mit den grau-weißen Ornamenten im Stil des Frühklassizismus geht auf diese Umbauphase zurück. Neuartig sind die lyraförmig auskragenden offenen Ränge und der Verzicht auf Proszeniumslogen über dem Orchestergraben. Dafür finden sich dort hinter vergoldeten Gittern, die mit Musikinstrumenten verziert sind, die Trompeterlogen verborgen. Pigage gestaltete die Parterrelogen, die untereinander nur mit halbhohen Brüstungen abgeteilt sind, als Inkognito-Logen mit ebenfalls vergoldeten Gittern. Sie sind das einzige Relikt, das an die alten Logentheater italienischen Typs erinnert.

Proszenium mit Trompeterloge

Im räumlichen Abstand zur Orchesterbrüstung standen vorne im Zuschauerraum Sessel für das Kurfürstenpaar und seine Gäste. Auf eine Fürstenloge, wie sie Bibiena noch 1742 im Mannheimer Opernhaus eingerichtet hatte, wurde gänzlich verzichtet. Modern ist in Schwetzingen die Neigung des Zuschauerraumes zur Bühne; das Parterre war hier mit feststehenden Bänken ausgestattet. Damit wurde erstmalig dem freizügigen Verhalten des Theaterpublikums ein Riegel vorgeschoben. Bis dahin war es in Theatern üblich zu essen, zu rauchen, Besucher in der Loge zu empfangen, sich laut zu unterhalten und im Parterre herumzulaufen, wo auch Getränke- und Essenshändler lautstark ihre Waren feilboten. All dies wurde in Schwetzingen nicht geduldet und durch die feste Bestuhlung unterbunden. Carl Theodor wünschte in seinen Vorstellungen absolute Ruhe. Das Publikum musste sich hinsetzen und sich ruhig verhalten.

Damit wurden im kleinen Schwetzinger Hoftheater die Verhaltensregeln für einen heutigen Theaterbesuch begründet. Dies belegt ein Brief von Wolfgang Amadeus

Eingang zum Theater im Nördlichen Zirkelhaus

Mozart aus Mannheim vom 12. November 1778, als sich der kurpfälzische Hof nach dem bayerischen Erbfall in München befand: „Sie wissen daß die Mannheimer Truppe zu München ist? - da haben sie schon die 2 ersten actricen Mad:^{me} Toscani und Mad: ^{me} Urban ausgepfiffen, und war so ein lerm, daß sich der Churfürst selbst über die Loge neigte, und sch - - machte – nachdem sich aber kein mensch irre machen ließ, hinab schickte, - und aber der graf seau [...] sagte, sie sollten doch kein so lerm machen, [...] zur Antwort bekamm; - sie seyen um ihr baar geld da und hätte ihnen kein mensch zu befehlen."
Die Aufführungen waren nicht mehr nur für die elitäre Hofgesellschaft konzipiert, sondern für jedermann, und sogar kostenlos zugänglich. So berichtete der englische Musikkritiker Charles Burney: „Der Kurfürst, welcher selbst sehr gut die Flöte bläst und auch seine Stimme auf dem Violoncell spielt, hat jeden Abend Konzert in seinem Palaste, wenn auf seinem Theater nichts gespielt wird. Wenn das aber ist, so haben nicht allein seine Untertanen, sondern auch alle Fremden freie Entrée."

Das Schwetzinger Theater mit seiner frühklassizistischen Ausmalung ist somit der Prototyp eines offenen Rangtheaters, wie es die zeitgemäße französische Architekturtheorie forderte. Pigage plante sehr sorgfältig und richtete die Bühne nach Westen aus. So betrat man im 18. Jahrhundert den nördlichen Zirkelbau, der ansonsten als Orangerie diente, und durchquerte die schmucklosen und im Sommer von den Kübelpflanzen leergeräumten Hallen bis zum Foyer. Eine einfache Tür öffnet den Zugang vom Foyer zum Theater. Erst jetzt sah man die vergoldeten Initialen „CT" des Bauherrn Carl Theodor dahinter.

Völlig untypisch für eine barocke Inszenierung liegt der Zuschauerraum nicht in einer Enfilade vom Foyer aus, sondern knickt in einem 90°-Winkel links nach Westen ab. Dadurch erreichte Pigage, dass sich die Bühne zur untergehenden Sonne ausrichtet. Saß man damals als Zuschauer in dem durch Kerzen beleuchteten dämmrigen Theaterraum, konnte die von Pigage geplante Inszenierung stattfinden. An der Bühnenrampe befanden sich Kerzen auf einem mit Weißblech ausgeschlagenen Brett, das sich zu Verdunkelungszwecken im Bühnenboden absenken ließ. Die Seitenkulissen wurden mit Öllampen beleuchtet, die übereinandergestellt auf drehbaren Lichtbäumen montiert waren, um so auch Tag- und Nachtszenen zu simulieren. Das abschließende Bühnenbild, der Prospekt, wurde nun mit durchscheinendem Papier gestaltet. Er befindet sich am Ende der 34 Meter tiefen Bühne an der Außenwand, die drei große Fenster aufweist. Auf einen Pfiff des Bühnenmeisters wurden nun die Fensterläden zur untergehenden Sonne hin geöffnet, was den Prospekt dramatisch von außen beleuchtete. Der Effekt muss grandios gewesen sein und beeindruckte so sehr, dass ihn Pigage für die Inszenierung am Badhaus mit dem Perspektiv, dem sogenannten Ende der Welt, wiederholte.

Initialen des Bauherrn Carl Theodor

Geigen der Mannheimer Schule

Die Wintersaison in Mannheim stand ganz im Zeichen der Repräsentation und Prachtentfaltung des kurpfälzischen Hofes vor der Öffentlichkeit. Im Vergleich dazu war der Sommeraufenthalt in Schwetzingen eine lockere Abfolge von Hoflustbarkeiten, die im Gegensatz zur Hauptresidenz nicht so streng durch den Hofkalender reglementiert wurden. So standen hier ausnahmslos komische Opern, französische Komödie, Ballettaufführungen und deutsche Singspiele unterschiedlichster Herkunft auf dem Spielplan. Wie unter einem Brennglas probierte man alles Neue in der Musik aus. Der neue Stil, den die 60 aktiven Musiker der Hofkapelle prägten, ging in die Musikgeschichte als „Mannheimer Schule" ein. Ihre schönste Würdigung formulierte der Musikkritiker Burney: „Ich kann diesen Artikel nicht verlassen, ohne dem Orchester des Kurfürsten Gerechtigkeit zu erweisen, welches mit Recht durch ganz Europa so berühmt ist. Ich fand wirklich alles daran, was mich der allgemeine Ruf hatte erwarten lassen. Natürlicherweise hat ein stark besetztes Orchester große Kraft. Die bei jeder Gelegenheit richtige Anwendung dieser Kraft aber muß die Folge einer guten Disziplin sein. Es sind wirklich mehr Solospieler und gute Komponisten in diesem als vielleicht in irgendeinem Orchester in Europa. Es ist eine Armee von Generälen, gleich geschickt, einen Plan einer Schlacht zu entwerfen, als darin zu fechten. [...] Hier ist der Geburtsort des Crescendo und Diminuendo, und hier war es, wo man bemerkte, daß das Piano [welches vorher hauptsächlich als ein Echo gebraucht wurde] sowohl als das Forte musikalische Farben sind, die so gut ihre Schattierungen haben, als Rot oder Blau in der Malerei."

DAS SCHLOSS VOM 19. BIS ZUM 21. JAHRHUNDERT

Wolfgang Wiese,
Ralf Richard Wagner

DER LANDSITZ DER NEUEN FÜRSTEN

Die französischen Revolutionskriege ab 1792 und die anschließende Herrschaft Napoleon Bonapartes (1769–1821) leiteten die Neuordnung Europas ein. Im Jahr 1803 fiel die rechtsrheinische Kurpfalz als Ausgleich für

Philipp Jacob Becker: Karl Friedrich von Baden, um 1805

C. F. Seippel: Schlossansicht, Aquarell, 1808

verlorene linksrheinische Gebiete im Elsass an Markgraf Karl Friedrich von Baden (geb. 1728, reg. 1746–1811) – das alte wittelsbachische Kurfürstentum Kurpfalz hatte damit aufgehört zu existieren.

Der in Karlsruhe residierende Markgraf aus der evangelischen Linie Baden-Durlach hatte bereits während der Friedensverhandlungen von Lunéville mit Frankreich im Februar 1801 die Abtrennung des rechtsrheinischen Stammgebiets der Wittelsbacher durchgesetzt und 1802 von den kurpfälzischen Hauptstädten Mannheim und Heidelberg Besitz ergreifen können. Auch die Sommerresidenz Schwetzingen fiel an Baden, das von nun an dem Oberamt Heidelberg unterstand. Mit dem Reichsdeputationshauptschluss vom 25. Februar 1803 erkannten Kaiser und Reichstag die Eingliederung an und hoben den Markgrafen in den Stand eines Kurfürsten von Baden. Mit dem 1806 erfolgten Eintritt in den Rheinbund wurde Baden zum Großherzogtum erhoben.

Die ehemalige Sommerresidenz Schwetzingen erhielt 1803 den Status einer badischen Nebenresidenz, die dem neuen kurfürstlich-badischen Hof zum zeitweiligen Aufenthalt dienen sollte. Mit der Huldigung der neuen Untertanen begab sich Karl Friedrich sofort in die ehemalige

Kurpfalz und nutzte auch das Schwetzinger Schloss. Der Teil der früheren Ausstattung, den die Kurfürsten Carl Theodor und Max Josef nicht nach München hatten überführen lassen, verblieb zunächst in den kurpfälzischen Schlössern. So gelangte 1803 lediglich fehlendes Einrichtungsgut aus der Karlsruher „Hofkammerei" nach Schwetzingen.

Der Fürst bezog das Appartement der Kurfürstin Elisabeth Auguste, die 1794 in Weinheim gestorben war. Bei der Übernahme des Schlosses durch Kurfürst Karl Friedrich war das alte Schlafzimmer von Elisabeth Auguste noch mit der grün-weiß gestreiften Seidentapete und ebensolchen Vorhängen ausgekleidet. Die Supraporten (Gemälde über der Tür) stammten ebenfalls aus kurpfälzischer Zeit und wurden 1804 als „en camaïeu" (Ton-in-Ton-Malerei) bezeichnet. Da das Bett nicht beschrieben ist, kann nur vermutet werden, dass es temporär aufgebaut wurde.

Auch das Schreibkabinett besitzt noch die aus dem 18. Jahrhundert stammende Seidenmoiré-Tapete. Zentral befanden sich hier ein großer, aus Nussbaum gefertigter Schreibtisch und ein Ruhebett. Ebenso hat sich im danebenliegenden Kleinen Kabinett kaum etwas geändert. Es existierte zu einem großen Teil immer noch die Ausstattung der kurpfälzischen Zeit. Die *Bibliothek* besaß noch die reich gemusterte Papiertapete des späten 18. Jahrhunderts und eine feinere Möblierung mit edlen Hölzern;

En-camaïeu-Supraporte

Wilhelm Schmitt: Großherzog Carl von Baden, um 1815

dagegen waren die Dienerräume überwiegend einfach ausgestattet.

Direkt neben dem Appartement von Karl Friedrich lagen auf derselben Etage die Räume seines Enkels, des Erbprinzen Carl von Baden (1786–1818), die ehemals von Kurfürst Carl Theodor von der Pfalz bewohnt worden waren. Für den Erbprinzen verlegte man das Schlafzimmer, das rein privat genutzt wurde, in das ehemalige Kabinett Carl Theodors. Das kurfürstliche Schlafzimmer wurde nun als Wohnzimmer genutzt. Aus der kurpfälzischen Wohnperiode finden sich im gesamten erbprinzlichen Appartement Reste der alten Ausstattung, wie die „En-camaïeu-Supraporten“ oder die geschnitzten und vergoldeten Spiegel. Das neu dazugestellte Mobiliar wurde im Stil des 18. Jahrhunderts ausgewählt und entsprach nicht dem Empire-Stil. Dieser war geprägt durch meist weiß gefasste Möbel mit antikisierenden Metallverzierungen. Die Entwürfe dafür lieferten die kaiserlichen Architekten Charles Percier (1764–1838) und Pierre-François-Léonard Fontaine (1762–1853) in Fachzeitschriften.

Luise Karoline von Hochberg

Markgraf Karl Friedrich von Baden hatte nach dem Tod seiner ersten Gemahlin Karoline Luise von Hessen-Darmstadt (1723–1783) am 24. November 1787 ein zweites Mal geheiratet. Seine neue Gattin war Luise Karoline Freiin Geyer von Geyersberg (1767–1820), Tochter eines Durlacher Oberstleutnants. Die Ehe galt als nicht ebenbürtig, da Luise Karoline aus niederem Adel stammte. So wurde der Bund „zur linken Hand" geschlossen, was eine morganatische Ehe bedeutete. Dementsprechend durfte die zweite Frau Karl Friedrichs nie den Titel einer Markgräfin und späteren Großherzogin von Baden führen. Der Markgraf erhob sie aber zur Freifrau von Hochberg, womit ihr die Hoffähigkeit zugebilligt wurde. Um auch Erbansprüche ihrer Kinder in Aussicht zu stellen, wurde sie per kaiserlichem Dekret 1796 in den Stand einer Reichsgräfin von Hochberg erhoben. Von fünf gemeinsamen Kindern erreichten vier das Erwachsenenalter: Leopold (1790–1852), der spätere Großherzog von Baden, Wilhelm (1792–1859), Amalie (1795–1869) und Maximilian (1796–1882).

Luise von Hochberg war eine ehrgeizige Frau. So sagte man ihr nach, dass sie Karl Friedrichs Nachfolger und Enkel, Erbprinz Carl, an einer ehelichen Verbindung hindern wollte, um ihre eigenen Nachkommen in der Thronfolge zu etablieren. Aus der 1806 geschlossenen Ehe Großherzog Carls mit Stéphanie de Beauharnais (1789–1860), der Adoptivtochter Napoleons, gingen zwei Söhne und drei Töchter hervor. Allerdings starben die Söhne bereits kurze Zeit nach der Geburt, sodass die Hochberg-Kinder in die direkte Nachfolge der badischen Großherzöge rückten. Die Erbberechtigung erkannten die deutschen Fürsten 1818 beim Aachener Fürstenkongress an und verliehen den Grafen von Hochberg den Titel der Markgrafen von Baden. 1830 konnte dann Leopold von Hochberg, Markgraf von Baden, die großherzogliche Nachfolge seines Halbbruders, Großherzog Ludwig von Baden (1763–1830), antreten.

Um die Erbansprüche der Hochberg-Linie noch einmal zu gefährden, wurde über den Vorrang des Findelkindes Kaspar Hauser, das 1828 in Nürnberg auftrat und sich als badischer Prinz ausgab, ernsthaft nachgedacht. Es sollte sich um den erstgeborenen Sohn Großherzog Carls handeln, der 1812 angeblich gegen ein todkrankes Kind ausgetauscht worden war. Der Fall Kaspar Hauser, der mit seinem gewaltsamen Tod 1833 neue Fragen aufwarf, galt als einer der berühmtesten Kriminalfälle des 19. Jahrhunderts und war schon damals europaweit bekannt. Die Frage, ob er ein Abkömmling des badischen Hauses war, konnte bis heute nicht endgültig geklärt werden.

Reichsgräfin Luise Karoline von Hochberg starb am 23. Juni 1820 in Karlsruhe und hat den Aufstieg ihrer Kinder nicht mehr erleben können.

DAS HOCHBERG-APPARTEMENT

Über dem Appartement des Kurfürsten Karl Friedrich lagen im zweiten Obergeschoss die Räume seiner Gattin Luise Karoline Reichsgräfin von Hochberg. Während man für den Fürsten die wandfeste Ausstattung in Form von Stuckdecken, Stofftapeten und Holzvertäfelung im Stil des 18. Jahrhunderts weitgehend übernommen und nur Möbel des Rokoko und Klassizismus ergänzt hatte, gab es für seine Frau eine komplett neue Raumeinrichtung. 1804 wurden das Audienzzimmer, das Compagniezimmer, das Wohnzimmer und das Toilettezimmer mit neuartigen Papiertapeten der Firma Zuber aus dem elsässischen Rixheim bei Mulhouse ausgekleidet. Es sind Architektur- und Naturmotive auf Papierbahnen gedruckt, die eine pilasterförmige Wandgliederung oder textile Seidenstoffe ersetzen sollten. Das Audienzzimmer zeigt eine imitierende Stoffdraperie in Grau-Weiß, die scheinbar zwischen schlanken Pilastern aufgehängt ist. Sie stellen Basen in Form von Papyrusblättern dar, ein modischer Hinweis auf die Ägypten-Expedition von Napoleon 1798/99. Die originalen Möbel sind eine Neuanfertigung der Karlsruher Hofwerkstätten.

Philipp Jacob Scheffauer: Porträtrelief der Reichsgräfin Luise Karoline von Hochberg, Marmor, 1804

Besonders prächtig erscheint im Compagniezimmer, einem Salon für den Hofstaat, die gedruckte Panorama-

Compagnie- oder Schweizer Zimmer

Detail der Panoramatapete, 1804

welt mit Schweizer Landschaften. Sie zeigen ein Bauernhaus im Berner Oberland, den Brienzer See, das Matterhorn, den Staubbachwasserfall, die Eigernordwand, das Schloss Grandson, den St. Gotthard und die Via Mala mit der berühmten Teufelsbrücke. Zu entdecken sind ein Jäger auf Bärenjagd, die Almwirtschaft mit Ziegen, Kühen, Sennerinnen und Sennern in typischer Tracht. Diese auf Leinwand tapezierten Motive zeigen wie eine Art Bilderbuch die beliebte Alpenregion, die man aus romantischem Interesse gerne bereiste und die für die aufkommenden touristischen Aktivitäten immer attraktiver wurde. Das Wohnzimmer und das anschließende Toilettekabinett waren private Räume. So zeigt die Papiertapete im Wohnraum herabgelassene Raffgardinen, was keinen Einblick mehr in den Raum von außen erlaubte und die neue Privatsphäre andeutet, wie sie auch die heutigen Wohnzimmer widerspiegeln. Interessant ist, dass die Reichsgräfin kein eigenes Schlafzimmer besaß, was wohl darauf schließen lässt, dass man auch für sie temporär in einem ihrer Räume, etwa im Wohnzimmer, ein Bett aufstellen ließ, oder sie zusammen mit ihrem Ehemann in dessen Schlafzimmer in der Beletage nächtigte. Im südöstlichen Bereich des reichsgräflichen Quartiers befanden sich die Dienerinnenzimmer mit einer Garderobe.

Toilettezimmer im Hochberg'schen Quartier

Dienerinnenzimmer im Hochberg'schen Quartier

Die Möblierung des Hochberg'schen Quartiers lieferten die Karlsruher Hofwerkstätten unter Höfle und Gambs, einem Schüler des berühmten David Roentgen in Neuwied. Hier handelte es sich um eine auf das Material reduzierte, einfache Ausführung, die die geometrischen Grundformen zum Gestaltungsideal werden ließ. Durch rötlich-braun gebeiztes Nussbaum- und Kirschbaumholz mit neogotischen Dekorelementen ergab sich so eine funktionelle Wohnraumatmosphäre. Die Sitzmöbel waren mit seidenen Moiré-Stoffen bzw. grünem Corduan-Leder bezogen. Auch die Fenster hatte man mit modernen Vorhängen in drapierter Form des späten Directoirestils versehen. Diese Stilrichtung ist benannt nach der Regierungszeit des sogenannten Directoires in Frankreich, das seine Blütezeit von 1795 bis 1799 hatte. Geprägt ist der Stil durch die Holzsichtigkeit der Möbel mit den typischen Säbelbeinen und den zurückhaltenden und schlichten Dekorationen.
Von der Möblierung dieser Räume haben sich noch einige erlesene Stücke erhalten. Es war eine Art Salonausstattung entstanden, die nach 1800 an vielen europäischen Höfen beliebt wurde.

Auf der nördlichen Seite des zweiten Obergeschosses lag ein Fremdenquartier mit Vorzimmer, Garderobe, Wohnzimmer und Toilettezimmer.

Schlosskapelle mit Ubhauser-Orgel, Architekt Friedrich Weinbrenner, 1804

Im Erdgeschoss nördlich des Schlossdurchgangs hatten Markgraf Ludwig (1763–1830), der dritte Sohn des Kurfürsten aus erster Ehe, und seine Frau Katharina Werner (1799–1850), Gräfin von Langenstein, ihre Unterkunft. Die Kinder aus der reichsgräflich-hochbergschen Verbindung erhielten im dritten Obergeschoss ihre Wohnungen. Es waren die älteren Reichsgrafen Leopold und Wilhelm, der jüngere Max sowie Reichsgräfin Amalie jeweils mit ihrer Dienerschaft.

Zur Verschönerung der Außenanlagen ließ man 1804 das Schloss mit einem neuen Anstrich versehen und den Ehrenhof mit dem bekannten Schwetzinger Flieder und zwei ovalen Rosentuffs mit Rasenbeeten bepflanzen. Diese Gestaltung des badischen Hofgärtners Johann Michael Zeyher (1770–1843) konnte vor Kurzem rekonstruiert werden.

Zur Abhaltung von Gottesdiensten im evangelischen Ritus gab der Hof die Umgestaltung der Schlosskapelle beim Karlsruher Baumeister Friedrich Weinbrenner (1766–1826) in Auftrag. Er entwarf eine klassizistische Raumausstattung mit Kassettendecke und zentraler Kanzel an der Nordwand. In die ausgebrochene Emporennische wurde 1806 eine Orgel von Andreas Ubhauser (1760–1824) aus Heidelberg eingebaut.

Im gleichen Jahr nahm Kurfürst Karl Friedrich den Titel des Großherzogs im Rang einer königlichen Hoheit an. Ebenfalls 1806 heiratete Kronprinz Carl von Baden Stéphanie de Beauharnais, die Adoptivtochter Kaiser Napoleons. Erbgroßherzog Carl und ihre kaiserliche Hoheit Erbgroßherzogin Stéphanie von Baden bezogen in Mannheim ihren Hauptsitz, von dem aus sie sich immer wieder nach Schwetzingen begaben. Stéphanie war eine gebildete und künstlerisch ambitionierte Frau. Sie malte und sang gerne. So konnte der Dichter Joseph von Eichendorff (1788–1857) ihre Stimme bewundern, als er 1807 Schwetzingen besuchte. Er schrieb: „Nach dem Mittagessen gegen drei Uhr machten die Brüder noch einige Excursionen in den Garten, wo sie die Großherzogin – es war Stéphanie Beauharnais-Napoleon, Gemahlin des Erbgroßherzogs Karl – aus dem Schloß zur Gitarre singen hörten."

Wilhelm Schmitt: Erbgroßherzogin Stéphanie von Baden, 1806

Toilettegarnitur der Großherzogin Stéphanie, 1811

Unter Carl und Stéphanie erhielten einige Zimmer neue wohnliche Möbel. Es handelte sich aber nicht um Stücke des in Mannheim vorrangigen Empirestils, sondern um frühe Vorläufer des Biedermeiers.
Wie gerne sich die Erbgroßherzogin in der alten Sommerresidenz aufhielt, mag die Geburt ihres ersten Kindes, Prinzessin Luise Amalie am 5. Juni 1811 in Schwetzingen zeigen. Großherzog Karl Friedrich hatte eigens zum freudigen Ereignis als Geschenk für Stéphanie eine große Toilettegarnitur aus „Rheingold" beim Goldschmied Martin-Guillaume Biennais (1764–1843) in Paris herstellen lassen, die sich heute im Badischen Landesmuseum Karlsruhe befindet.

Auch als Carl und Stéphanie nach dem Tod Karl Friedrichs von Baden am 10. Juni 1811 die großherzogliche Nachfolge in Karlsruhe antraten, blieben sie Schwetzingen verbunden. Die Großherzogin hatte das zentrale Quartier Karl Friedrichs übernommen. Im Schlossinventar von 1814 sind die Räume ausführlich als „Appartement Ihrer kaiserlichen Hoheit der Frau Großherzogin" beschrieben. Man findet teilweise noch die alte Ausstattung der Wände, Konsoltische und Spiegel, auch Schreibmöbel aus dem 18. Jahrhundert. Dagegen scheinen Sitzmöbel aus Kirschbaumholz zu den Neuerungen gehört zu haben. Für ihren Hofstaat wurden im dritten Obergeschoss mehrere Hofdamenquartiere eingerichtet. Der Großherzog selbst be-

Tabouret, Hofschreinerei Karlsruhe, um 1810/15

Papiertapete von 1838

hielt seine Zimmer im nördlichen ersten Obergeschoss bei. Sie zeigen weitgehend die vorhandene alte Möblierung.

Als nach wenigen Regierungsjahren Großherzog Carl überraschend im Jahr 1818 starb, kehrte Stéphanie aus Karlsruhe nach Mannheim zurück, um dort ihren Witwensitz zu nehmen. Von hier aus scheint sie nur noch gelegentlich nach Schwetzingen gekommen zu sein, denn man bezeichnete nun die Quartiere in der Beletage nur noch lapidar als erstes und zweites Appartement. Im zweiten Obergeschoss befanden sich das Quartier der Oberhofmeisterin und ein Fremdenappartement, im dritten Obergeschoss ist die Rede von „ehemaligen Hofdamenquartieren".

Zum Zweck des wohl eher als Gästehaus zu verstehenden Schlosses ließ man 1838 moderne Papiertapeten, aber auch Wandstoffe aus Seide und Baumwolle in der Beletage anbringen, die sich teilweise bis ins 20. Jahrhundert hinein erhalten haben, dann aber im Zuge der großen Schlosssanierung in den 1980er-Jahren entfernt wurden. Bei den

Tapeten handelt es sich um die typische Biedermeierauskleidung mit schlichter Blumen- und Streifenornamentik. Man ließ auch Spiegel von Vergolder Wohlschlegel, Kronleuchter von Graveur Fließ, Betten von Schreiner Himmelheber und Vorhänge von Tapezier Haas neu anfertigen. Ein Sofa und zwölf Stühle können der Mannheimer Möbelfirma Schmuckert durch Etiketten sicher zugewiesen werden.

GROSSHERZOGLICHES FREMDENQUARTIER

1840 kehrte noch einmal das Hofleben nach Schwetzingen zurück, als unter Großherzog Leopold von Baden (reg. 1830–1852) das große Herbstmanöver der Armee des Deutschen Bundes am Rhein stattfand. Bedeutende Persönlichkeiten wie der König und der Kronprinz von Württemberg, der Erbgroßherzog und der Prinz von Hessen sowie Prinz Wilhelm von Preußen, der spätere erste deutsche Kaiser, nahmen an der Truppenschau teil.

Für die im Schloss untergebrachte höfische Gesellschaft hatte man im zweiten und dritten Obergeschoss mehrere Fremdenquartiere eingerichtet, wobei vor allem die Hofdamenzimmer im dritten Stock wegfielen. Die fürstliche Nutzung hatte sich nun deutlich zu einem sogenannten „Absteigequartier“ verändert. Jedoch behielt man die vorhandene Möblierung bei; es kamen sogar mehrere neue Objekte hinzu, die aus dem Karlsruher Schloss und der Hauskämmerei stammten.

Johann Grund: Großherzog Leopold von Baden, 1853

Auch in den Revolutionsjahren 1848 und 1849 scheinen Manöver höfische Aufenthalte zur Folge gehabt zu haben. Je nach Bedarf ließ man erneut die Zimmer mit herbeigeschafftem Mobiliar oder neuer Tapetenbespannung ausstatten. Nicht nur ästhetisches Empfinden, sondern auch der reine Zweck bestimmten Form und Inhalt. So waren aus Schloss Karlsruhe sowohl gute Stücke als auch gewöhnliche Sitz- und Tischmöbel nach Schwetzingen gekommen.

1858 findet man erneut die Einteilung der Geschosse im Sinne von Fremdenappartements in den Inventarbü-

Delfintisch, Karlsruhe um 1820/25

chern verzeichnet. Allerdings ließ der neue Großherzog Friedrich I. (geb. 1826, reg. 1856–1907) die Beletage für sich reservieren, sofern er hier wohnte, was allerdings sehr selten vorkam. Im Inventarbuch des Schlosses von 1882 sind die etwas aus der Mode gekommenen Einrichtungsstücke für Schwetzingen nachzuweisen, wie beispielsweise ein Empiretisch aus der Zeit um 1820. Schloss Schwetzingen wurde zu einem Hort älterer oberrheinischer Möbel aus verschiedenen badischen Schlössern, die hier den späteren Zerstörungen im Zweiten Weltkrieg entgingen.

DAS ENDE DES HÖFISCHEN LEBENS – NEUE NUTZUNGEN SEIT 1860

Nach dem Tod von Großherzogin Stéphanie im Jahr 1860 machten sich deutliche Tendenzen einer profanen Umnutzung bemerkbar. So wurden Räume zur Vermietung freigegeben, beispielsweise an den Botaniker und Geologen Friedrich Schimper (1803–1867). Auf Veranlassung von Großherzog Friedrich I. erhielt der Naturforscher 1865 eine Wohnung im Schloss. 1866 richtete man in den Schlossgebäuden eine Blindenanstalt und 1870/71 während des Deutsch-Französischen Krieges im Nördlichen Zirkelhaus ein Lazarett ein, das Großherzogin Luise (1838–1923) wiederholt besuchte.

Gegen Ende des 19. Jahrhunderts schritt die Umnutzung des Schlosses rasch voran. So wurden fast sämtliche Möbel aus den badischen Schlössern, die unmodern geworden waren, in den Dachräumen und in der dritten Etage als eine Art Depot abgestellt und bis in die 70er-Jahre des 20. Jahrhunderts dort verwahrt. So enthält das letzte „Schloß=Inventar Aufgestellt im Jahr 1882 von Revisor Ruprecht" fast sämtliche badische Möbel aus der Krongutverwaltung, die alle einen Inventaraufkleber mit der Bezeichnung „Schloß Schwetzingen" erhielten.

Im nördlichen Flügel des Schlosses wurde das Finanzamt und in der Orangerie eine „Großherzogliche Gartenbau- und Haushaltungsschule" mit Internat untergebracht.

Wohnzimmer des Großherzogs, ehemals Schlafzimmer des Kurfürsten, 1906

Ehemaliges Wohnzimmer des Großherzogs im Schlossmuseum, um 1930

Der Verfall der einst prächtigen Sommerresidenz der Kurfürsten von der Pfalz und des Landschlosses der Großherzöge von Baden war abzusehen und so scheint der Anblick des Bauwerks mit der Abdankung des letzten badischen Monarchen 1918 ein ernüchternder gewesen zu sein.

Schon bald nach der Übernahme des Schlosses durch den badischen Staat mussten umfangreiche Erhaltungs- und Erneuerungsarbeiten durchgeführt werden, die unter dem badischen Bezirksbauinspektor Fritz Hirsch (1871–1938) zu neuem Fassadenputz und neuer Bemalung führten. Dabei wurden die mittelalterlichen Teile, die Türme und die Hofseite des Corps de Logis ochsenblutrot, und die barocken Seitenflügel sowie die Gartenfassade gelb mit sandsteinfarbenen Einfassungen ausgemalt.

1924 bezog eine Jugendherberge den südlichen Seitenflügel des Schlosses und der Schwetzinger Verkehrsverein den nördlichen Seitenflügel. Nachdem auch die Wachhäuschen ihre ursprüngliche Funktion verloren hatten, wurde 1939 im südlichen Gebäude das „Café Kurfürstenstube“ eingerichtet, das sich heute noch darin befindet.

DAS SCHLOSSMUSEUM

Im Corps de Logis entstand 1924 ein Schlossmuseum, das an die große Zeit Carl Theodors erinnern sollte. Deshalb möblierte man die Zimmer um und versuchte, in der Beletage wieder die Quartiere des Kurfürsten und seiner Frau Elisabeth Auguste herzustellen. Da sich jedoch aus jener Epoche fast keine Einrichtungsstücke mehr erhalten hatten, musste man die badischen Möbel aus der Empire- und Biedermeierzeit, die man noch zusätzlich durch Mannheimer Stücke ergänzt hatte, für die Ausstattung nutzen. Es waren aber keine passenden Einrichtungsgegenstände der Rokokozeit des 18. Jahrhunderts, sodass die Präsentation der Appartements stilistische Mängel aufwies.

Den Zweiten Weltkrieg überstanden das Schloss und die Parkgebäude glücklicherweise völlig unbeschadet, da es keine Bombenzerstörungen gab. Nur im Zuge der Besetzung durch alliierte Truppen gingen viele Ausstattungsstücke verloren, die bis heute nicht mehr zurückgelangten. Nach dem Krieg war das Schloss renovierungsbedürftig und musste neu eingerichtet werden. Wieder spielte die kurpfälzische Zeit die entscheidende Rolle bei diesem Konzept, wobei Carl Theodors Appartement mit den vorhandenen Möbeln des 19. Jahrhunderts eingerichtet und präsentiert wurde.

Erst in den 1980er-Jahren konnte eine klare stilistische Zuordnung vorgenommen werden, die zwischen den einzelnen Ausstattungsphasen des 18. und 19. Jahrhunderts unterschied. Nun begann die Ummöblierung der Räume mit Einrichtungsstücken des 18. Jahrhunderts aus dem Bestand der badischen Schlösserverwaltung, die das ehemalige Krongut verwahrt. Das Empire- und Biedermeiermobiliar gelangte bis auf die Stücke des sogenannten „Hochberg-Quartiers“ ins Depot. Nach den Inventarbüchern von 1775 und 1804 wurde versucht, die frühere Funktionalität der Räume wiederherzustellen, indem man anstelle der fehlenden Originale ähnliche Ersatzmöbel beschaffte. 1991 konnte nach zehnjähriger Renovierungsphase Schloss Schwetzingen mit sanierten Fußböden, Fenstern, Decken und restauriertem Mobiliar der Öffentlichkeit wieder zugänglich gemacht werden.

Ehemaliges Wohnzimmer des Großherzogs im Schlossmuseum, um 1970

Konservierung des Kunstinventars und Wiedereinrichtung 2014 – 2016

In den Jahren 2014 bis 2016 erfolgte eine weitere Sanierung des Schlosses. Ein neues Brandschutzkonzept mit der Installation einer neuen Brandmeldeanlage und die farbliche Neufassung der Fassade erforderten als Schutz die Auslagerung der Möbel. Im Depot konnten Restaurierungen und fachgerechte Reinigungen der historischen Objekte vorgenommen werden. Die Überarbeitung der bestehenden Elektroanlagen ermöglichte es, die originalen Laternen und Kronleuchter zu elektrifizieren, um eine optimale Beleuchtung der Räume zu ermöglichen. Um das kostbare Mobiliar und die originale Ausstattung vor schädlichem UV-Licht zu schützen, wurden in diesem Zusammenhang auch die Lichtschutzmaßnahmen an den Fenstern verbessert. Alle diese Schritte bedingten auch eine Überarbeitung des Konzepts des bisher bestehenden Schlossmuseums.

Im Unterschied zu einem „normalen“ Museum, in dem die Sammlungsobjekte außerhalb ihres ursprünglichen Umfeldes gezeigt werden, erwartet der Besucher in einem Schlossmuseum den direkten Zusammenhang von Objekt, Raum und Zeit. Möbel, Uhren, Porträts, Porzellane und andere Kunstgegenstände zeugen von ihrem Gebrauch an einem fürstlichen Hof und sprechen von glanzvollen Zeiten früherer Bewohner. Durch die neue Präsentation als Raumkunstwerk in Form des „living history museum“ wird der geführte Rundgang durch die einstige Sommerresidenz der Kurfürsten von der Pfalz zu einer Reise in die Alltagswelt einer vergangenen Epoche. Das besondere Merkmal von Schloss Schwetzingen ist der Einblick auch in die Wohnverhältnisse des Personals und ein Blick hinter die Kulissen: in die Toilettenräume, die Garderobe und die einzigartige Puderkammer für die modische Hochfrisur der Kurfürstin Elisabeth Auguste.

Als Grundlage für die Rekonstruktion der Raumausstattung dient das „Inventarium über sämtliche zu Schwetzingen vorfindliche churfürstliche Meubles welche auf ertheilten Gnädigsten befehl vom 11 Merz 1775 in beiseyn churpfalz Hofcamer Rathen Herrn Cloßmann und Camer Fourir auch garde Meubles Herrn Hazard durch

Ehemaliges Appartement von Pfalzgraf Friedrich Michael im 3. Obergeschoss, 2019

Besucherzentrum im Schloss-Mittelbau

Hofcamer Canzlisten Bernadum Josephum Grattfar conscibirt“ wurde. Das daraus resultierende Bemühen um höchste Authentizität wird die angestrebte Einrichtung der schlichten Räume in der Sommerresidenz Schwetzingen mit Originalbeständen und gleichartigen Ersatzstücken und die Nutzung der Raumfolgen unmittelbar anschaulich machen.

ZEITTAFEL

766	Erste Erwähnung des Namens Schwetzingen („Suezzingen") im Lorscher Codex
1288	Schwetzingen kommt in kurpfälzischen Besitz
1350	Erste urkundliche Nennung der „Veste" Schwetzingen; Elsbeth von Schonenberg stellt die Veste dem Kurfürsten Ruprecht I. als offenes Haus zur Verfügung
1427	Kurfürst Ludwig III. erwirbt die Veste Schwetzingen als Eigentum
Um 1470/80	Bau einer steinernen Kemenate mit Spottfigur
1508–1544	Umbau und Erweiterung des Schlosses unter Kurfürst Ludwig V.
1635	Zerstörung des Schlosses im Dreißigjährigen Krieg
Ab 1655	Wiederaufbau durch Kurfürst Carl Ludwig für seine zweite Gemahlin Luise von Degenfeld
1689–1693	Erneute Zerstörung des Schlosses im Pfälzischen Erbfolgekrieg
1698–1701	Beginn des Wiederaufbaus durch Adam Breunig, Planung des Gebäudes als Dreiflügelanlage
1710–1714	Bau der Dreiflügelanlage mit Wirtschaftsgebäude und Hofkirche nach den Plänen von Adam Breunig
1715	Beginn der Bauarbeiten am westlichen Gartenflügel
1718	Bau der alten Orangerie durch Alessandro Galli da Bibiena
1720–1731	Neue Funktion des Schlosses unter Kurfürst Carl Philipp als Neben- und Sommerresidenz
1743–1777	Regierungszeit Kurfürst Carl Theodors in Mannheim und Schwetzingen
1747	Plan eines neuen Schlosses als Jagdstern
1748–1750	Bau des nördlichen Zirkelgebäudes als Orangerie
1749	Ernennung Nicolas de Pigages zum Hofarchitekten und Bauleiter
1752–1754	Errichtung des südlichen Zirkelgebäudes
1753	Neubauprojekte für eine Sommerresidenz von Pigage, Rabaliatti und Neumann
1754	Entstehung der Stuckdecken des Italieners Giuseppe Antonio Albucci im Speise- und Spielsaal des südlichen Zirkelgebäudes
1761–1764	Bau des Küchentraktes parallel zum südlichen Ehrenhofflügel
1768–1772	Bau des Badhauses im Schlossgarten nach Plänen von Pigage
31.12.1777	Tod des Kurfürsten Maximilian III. von Bayern, Carl Theodor wird Kurfürst von Pfalz-Bayern
1778	Übersiedlung des Hofes nach München
1803	Übergang der rechtsrheinischen Kurpfalz an Baden, Schwetzingen wird badische Nebenresidenz ohne ständige Bewohnung
1804	Ausstattung des Appartements für Luise Caroline Reichsgräfin von Hochberg mit Papiertapeten
Nach 1806	Unter Erbgroßherzog Carl von Baden und Stéphanie de Beauharnais wird Schwetzingen als Sommerresidenz genutzt
Ab 1840	Quartier für großherzogliche Gäste
Ab 1860	Neue Nutzungen als Blindenanstalt, Finanzamt, Berufsschule
1919	Umwandlung des Schlosses in ein Schlossmuseum
1975–1991	Restaurierung des gesamten Corps de Logis
2014–2016	Einbau Brandmeldeanlage, farbliche Neufassung der Außenfassaden
2016	Eröffnung des umgestalteten Schlossmuseums

AUSGEWÄHLTE LITERATUR

Burney, Charles: Tagebuch einer musikalischen Reise durch Frankreich und Italien, durch Flandern, die Niederlande und am Rhein bis Wien, durch Böhmen, Sachsen, Brandenburg, Hamburg und Holland. 1770–1772. Hrsg. von Richard Schaal. Wilhelmshafen 1980.

Fuchs, Carl Ludwig: Die Innenraumgestaltung und Möblierung des Schwetzinger Lustschlosses im 18. und 19. Jahrhundert. Heidelberg 1975.

Girouard, Mark: Das feine Leben auf dem Lande. Frankfurt, New York 1989.

Graf, Henriette: Die Residenz in München. Hofzeremoniell, Innenräume und Möblierung von Kurfürst Maximilian I. bis Kaiser Karl VII. München 2002.

Heber, Wiltrud: Die Arbeiten des Nicolas de Pigage in den ehemaligen kurpfälzischen Residenzen Mannheim und Schwetzingen. Worms 1986.

Krause, Katharina: Die Maison de plaisance. Landhäuser in der Ile-de France (1660–1730). München, Berlin 1996.

Leopold, Silke; Pelker, Bärbel (Hrsg.): Hofoper in Schwetzingen. Musik, Bühnenkunst, Architektur. Heidelberg 2004.

Martin, Kurt: Die Kunstdenkmäler des Amtsbezirks Mannheim. Stadt Schwetzingen. Karlsruhe 1933.

Mörz, Stefan: Aufgeklärter Absolutismus in der Kurpfalz während der Mannheimer Regierungsjahre des Kurfürsten Karl Theodor (1742–1777). Stuttgart 1991.

Mörz, Stefan: Die letzte Kurfürstin. Elisabeth Augusta von der Pfalz, die Gemahlin Karl Theodors. Stuttgart, Berlin, Köln 1997.

Rall, Hans: Kurfürst Karl Theodor. Regierender Herr in sieben Ländern. Mannheim 1993.

Stavan, Henry Anthony: Kurfürst Karl Theodor und Voltaire. Mannheim 1978.

Stengel, Stephan Freiherr von: Denkwürdigkeiten. Hrsg von Günther Ebersold. Mannheim 1993.

Wagner, Ralf Richard: „Monsieur mérite d'être né homme privé“. Der Mensch Carl Theodor. In: Die Wittelsbacher und die Kurpfalz in der Neuzeit. Zwischen Reformation und Revolution. Regensburg 2013, S. 541–558.

Wagner, Ralf Richard: Schwetzingen – die Sommerhauptstadt der Kurpfalz. In: Zeitschrift für die Geschichte des Oberrheins 158 (2010), S. 273–283.

Johann Peter Hoffmeister: Kurfürst Carl Theodor, Öl auf Leinwand, 1770, im Kabinett der Kurfürstin

SCHLOSS SCHWETZINGEN

GRUNDRISS
ERSTES OBERGESCHOSS
(18. JAHRHUNDERT)

1. Treppenhaus, Eingang Schlossmuseum
2. Erstes Vorzimmer
3. Lakaienschlafzimmer
4. Hofloge
5. Schlosskapelle
6. Zweites Vorzimmer
7. Schlafzimmer
8. Kabinett
9. Retirade mit Treppe zum Garten und Sommerappartement
10. Arbeitskabinett im Grünen Gartenpavillon
11. Konferenzzimmer
12. Audienzzimmer
13. Schlafzimmer
14. Retirade
15. Kabinett
16. Schreibkabinett im Erker
17. Kammerdienerinnen-Zimmer
18. Grünes Vorzimmer
19. Garderobe
20. Kammerfrauen-Schlafzimmer
21. Bibliothek
22. Puderkammer
23. Speisezimmer
24. Credenzzimmer

- Appartement des Kurfürsten
- Appartement der Kurfürstin
- Dienerschaftsräume (Degagements)

SCHLOSS SCHWETZINGEN

GRUNDRISS
ZWEITES OBERGESCHOSS
(19. JAHRHUNDERT)

1. Treppenhaus
2. Vorzimmer
3. Audienzzimmer
4. Schweizerzimmer/ Compagniezimmer
5. Wohnzimmer
6. Retirade
7. Toilettekabinett
8. Durchgangszimmer
9. Flur
10. Dienerzimmer
11. Räume der Hofdamen
12. Gelber Saal
13. „Kinderreich"

- Räume für Kinderführungen
- Appartement der Reichsgräfin von Hochberg
- Dienerschaftsräume (Degagements)